전원주택
집짓기의
모든 것

전원주택
집짓기의 모든 것

초판 1쇄 발행 2012년 7월 10일
초판 5쇄 발행 2021년 11월 12일

지은이 박종수
디자인 디자인포럼
펴낸이 정갑수

펴낸곳 열린세상
출판등록 2004년 5월 10일 제300-2005-83호
주소 06691 서울시 서초구 방배천로 6길 27, 104호
전화 02-876-5789   팩스 02-876-5795
이메일 open_science@naver.com

ISBN 978-89-92985-22-2 13540

- 잘못 만들어진 책은 구입하신 곳에서 바꾸어 드립니다.
- 값은 뒤표지에 있습니다.

열린세상은 열린과학 출판사의 실용 · 교양 브랜드입니다.

내 몸에 맞는 맞춤 집짓기

전원주택 집짓기의 모든 것

박종수 지음

머리말

　20년 가까운 서울 생활을 마감하고 지방도시 생활 초기, 나는 몇 번의 시도와 실패를 거치고 나서야 다시 운명처럼 선배 한 분의 소개로 전공인 전기공사 업체에서 일하게 되었다. 미래가 보장된 탄탄한 대기업이 아니라 지방의 작은 건축설비 업체에 전공電工 보조로 새로운 삶을 시작하게 된 것이다. 대학시절 이론으로만 배웠던 지식에, 이제는 머리가 아닌 몸으로 배우는 현장에서 전기를 포함한 건축이라는 것에 눈을 뜨기 시작했다. 현장에서 직접 체험하며 전원주택 건축에 대한 경험과 노하우를 쌓기 시작한 것이다. 그 무렵 IMF라는 무시무시한 핵폭탄이 전국을 강타했다. 특히 지방건축업계는 회생하기 힘들 정도로 치명타를 입게 되었고, 나 역시 두 번 다시 빠져나올 수 없을 것 같은 깊은 수렁으로 또다시 내동댕이쳐지는 신세가 되고 말았다.

　IMF기간 동안의 방황 중에 우연히 들른 강원도 산골의 산악인 후배 판잣집에서 며칠을 기거하면서 막연하게나마 늦어도 10년 후에는 귀촌이 붐을 이루게 되리라는 한줄기 희망을 갖게 되었다. 다행히 지인들의 도움으로 중학생들의 개인과외를 하며 재기의 발판을 다져갈 무렵, 그 많은 시련과 역경 속에서도 변함없이 내 곁을 지켜주던 사랑

하는 아내와의 우연한 대화중에 그녀도 귀촌의 꿈을 갖고 있다는 사실을 알게 되었다. 우리는 예정보다 빠르게 강원도로의 귀촌을 결심했다. 우리는 강원도의 여러 지역을 주말마다 돌아다니며 우리의 보금자리가 될 땅을 물색했다. 그렇게 2년여 만에 평창의 한 골짜기에서 우리의 소중한 보물 두 아이들과 함께 산촌생활이 시작되었다.

  2년여 동안 강원도 수많은 골짜기를 누비면서 땅의 의미와 건강한 집이란 무엇인가를 다시금 깨닫게 되었다. 특히 콘크리트와 벽돌로만 건축을 했던 나로서는 건축 재료로 나무와 흙이 사용될 수 있다는 사실이 새롭게 받아들여지게 되었다. 그래서 강원도 첫 집을 한옥으로 준비하기로 했으나 건축비 문제로 또 다른 고민에 빠지게 되었다. 그러던 중 수공식 통나무를 하는 선배의 도움으로 한옥에 비해 건축비가 저렴한 통나무주택을 짓게 되었다.

  통나무집에 직접 살게 되면서 그 매력에 푹 빠져 결국 수공식 통나무 건축을 업으로 삼게 되기에 이르렀다. 그 후 통나무주택만을 고집하며 적지 않은 전원주택을 짓는 과정에서 일부의 시행착오는 나에게 많은 도움이 되었을 뿐만 아니라, 도시의 주택과 다르게 전원주택은 또 다른 조건이 필요하다는 것을 알게 되었다. 몇 년 전부터는 통나무주택뿐만 아니라 목구조주택에도 관여하게 되어 나무로 짓는 집에는 나름대로 자신과 자부심을 갖게 되었다. 특히 10년이 넘는 전원생활의 경험은 도시와는 다른 전원주택의 내부구조 설계에 많은 도움이 되고 있다.

  값비싼 땅위에 적어도 2~3층 이상을 지어야 하는 도시의 건축물은 콘크리트가 최상의 건축재이고 내부구조도 좁은 공간 활용을 목적으로 해야 하는 것이 당연하다. 이런 도시건축을 벗어나서 전원에서 살고 싶어 하는 대부분의 사람들이 전원생활이라는 막연한 동경심으로 건강에 좋다는 나무와 흙으로 된, 동화속에 나오는 아름다운 외양을 갖춘 전원주택을 꿈꾸는 것은 어쩔 수 없다. 그러나 전원생활은 도시인이 경험하지 못한 많은 악조건이 숨어 있다는 것은 직접 경험을 하지 않고서는 알 방법이 없다. 전원주택을 짓고 들뜬 마음으로 입주해서는, 꿈에 그리던 여유로운 전원생활이 아니라 집 관리에 많은 시간을 보내야 하는 사람들을 볼 때마다 안타까운 마음뿐이다.

완벽한 집이란 비싸고 호화로운 집이 아니다. 거기에 살고 있는 사람이 편하고 안락한 것이 완벽한 집이다. 완벽한 전원주택을 갖는 가장 좋은 방법은 집을 짓기 전에 미리 1년 이상을 상주하면서 전원생활을 해보는 것인데 현실적으로 불가능한 것이 사실이다. 그렇다면 차선책으로 전원생활을 하고 있는 사람의 조언일 수밖에 없는데 이 역시 충분하지는 않다. 왜냐하면 각자의 생활방식이나 목적이 다르기 때문이다. 그렇다면 결론은 완벽한 집이 아니더라도 완벽에 가까운 것을 찾아야 한다.

개인적인 이유로 나의 첫 번째 전원주택인 통나무주택을 처분하고 이웃마을에 새로운 집을 짓고 이주한 지도 벌써 3년이 되었다. 10여 년간의 전원생활을 경험으로 두 번째 주택을 지어 현재는 대체로 만족하고 있다. 그렇지만 아주 완벽하다고는 할 수 없다. 기회가 되어 다시 세 번째 나의 집을 짓는다 해도 지금보다는 좀 더 나아지겠지만 완벽할 수 있다고 장담할 자신은 없다.

  글쓰기에 자신이 없으면서도 이 글을 시작한 이유는, 전원주택을 짓고자하는 사람이나 현재 살고 있으면서 집 관리에 어려움을 겪는 사람들에게 조금이라도 도움이 되었으면 하는 마음에서다. 요즈음도 전원주택을 위해 상담을 하다보면 답답한 마음이 앞선다. 관심의 초점을 건축비와 외양에 너무 치중하고 있는 사람이 의외로 많다. '값싸고 좋은 자재에 예쁜 집'보다는 '생활하기 편하고 건강하게 살 수 있고, 집 관리에 많은 시간을 보내지 않아도 되는 집'이 우선이고 그다음에 예쁜 집에 관심을 가져야 하지 않을까 하는 생각이다. 비싼 비용 들여 좋게 마감한 집을 뜯어내서 수리하고 1년 내내 집수리와 유지보수에 매달리지 않고, 여유롭게 차 한 잔 마시며 자연을 만끽하고 삶을 즐기려면, 집을 지을 때 자신의 취향과 생활 방식을 충분히 반영하도록 현명한 판단을 해야 한다. 물론 전문적인 기술을 요하는 부분에도 자신의 뜻을 전달해야 할 필요가 있다. "전문가이니 알아서 해 주세요."라는 말을 들을 때가 제일 난감하다. 설계와 시공에는 전문가일지 모르지만 그 사람의 취향이나 마음까지 읽어낼 수 있는 전문가는 그리 많지 않을 것이다. 전원주택을 짓고자 하는 사람의 대부분은 나름대로의 주관을 갖고 있다. 따라서 모든 것을 믿고 맡기는 것도 중요하지만 기본적인 것을 이해하고 의사 전달을 분명히 할 수 있어야 한다. 결론은 '아는 것이 돈'이다. 전문가와 본인의 노력이 어우러져야 하는 것이 비록 완벽하지는 않더라도 완벽에 가까운 전원주택에 다가가는 지름길이 될 것이다.

CONTENTS

■ 머리말 —————————————————————————— 004

1장 집, 뭐로 지을까? ————————————————————— 015
자연이 인간에게 준 천연재료: 돌과 흙과 나무

돌 - 벽돌, 콘크리트, ALC ——————————————————— 017
석조건축과 석조건축의 변천 | 인공 석재-시멘트벽돌과 콘크리트
콘크리트-건축자재로서의 장점 | 시멘트벽돌과 콘크리트-건축자재로서의 단점
ALC-콘크리트의 개선

흙(황토) ———————————————————————————— 022
흙이란? | 흙의 물리적 특성 | 건축 자재로서의 흙-황토

나무로 만든 건축자재-목재 ————————————————— 027
나무의 기본 특성 | 건축 구조재로 사용되는 나무의 수종 | 목재와 건축비

건강한 집에 건강한 인간이 산다 ——————————————— 032
주택은 숨을 쉬어야 한다 | 자연이 준 만병통치약-원적외선

2장 나를 알고 집을 알면 백전백승이다 — 035
건축 재료로 분류한 주택의 종류와 장단점

조적조(시멘트 벽돌)주택 — 037
콘크리트주택 — 040
ALC주택 — 042
조립식주택-샌드위치패널 — 044
황토(흙)집 — 047
한옥 — 056
귀틀집 — 058
통나무주택 — 059
목구조주택, 스틸하우스 — 066
나에게는 어떤 종류의 집이 좋을까? — 070

3장 아는 것이 돈이다 — 073
주택 건축에 필요한 법률·행정적 용어들의 풀이

지적도(임야도) — 075
측량(지적측량地籍測量) — 077
토지(임야)대장과 건축물대장 — 081
농지전용 — 082
형질변경과 개발행위허가 — 085

테라스, 발코니, 베란다 ————————————————— 088
건축물의 면적 계산 ——————————————————— 091
용도지역, 농업진흥지역 —————————————————— 096
농촌주택, 농가주택, 농업인주택 ———————————————— 102
용도지역, 농업진흥지역에서의 주택 건축 ———————————— 106
건축허가와 건축신고 —————————————————— 109
산재보험 —————————————————————— 113

4장 건축이란 여행을 위한 준비 ———————————— 117
건축의 행적적인 절차와 건축계획

집짓기를 위한 일반적인 과정 ———————————————— 119
주택건축이 거쳐야 하는 행정절차 | 집짓기 과정에서 이 절차만은 꼭 지키자!

현황측량과 경계측량을 해야 하는 시점 | 설계변경을 해야 하는 경우

조용하고 외진 곳의 무서운 복병 – 전기와 통신 —————————— 126
전기공급을 위한 전신주 설치비용 부담 | 유선통신을 위한 통신주 설치비용 부담

나는 과연 어떤 집이 필요한가? – 건축계획 ——————————— 128
이미 지어져 있는 집을 구경하는 것이 건축의 시작이다

전문시공업체와 상담 – 건축의 방향과 예상건축비

설계 착수 전에 집의 규모와 대략적인 구조를 결정하자

5장 설계와 착공 준비 — 137
나를 위한 주택 설계와 발주를 위한 기본 상식

설계에 적극 참여하자- 설계가 바로 건축이다 — 139
우리 집 설계의 적임자는 나 자신이다

설계도면! 만들기는 어려워도 보는 것은 쉽다 | 건물과 정화조 배치

현관과 현관문, 중문 | 실내문은 인테리어의 기본이다 | 주방과 다용도실

합리적인 지붕의 단열 | 무시당하는 보일러실

건축의 첫걸음- 견적 — 156
견적을 보면, 총공사비와 함께 시공내용도 알 수 있다

3.3㎡당 단가를 적용한 견적의 허상

발주, 그리고 착공 준비 — 163
발주와 함께 공사가 시작되다 | 착공 전, 건축주의 마지막 준비물

6장 주택의 기본 하드웨어, 콘크리트 기초 — 171
철근콘크리트 기초의 기본구조와 형태에 의한 분류

모든 주택의 기본 하드웨어, 철근콘크리트 기초 — 173
콘크리트와 레미콘 | 레미콘에도 규격이 있다

철근콘크리트-콘크리트와 철근의 만남 | 철근의 종류와 표시 방법

철근콘크리트 기초의 기본 형태 — 184
기초의 기본-독립기초 | 지반의 침하와 동결을 감안한 기초

독립기초의 변형-줄기초 — 189
작업성을 고려한 기초의 다른 형태-줄기초 | 줄기초의 위치, 폭과 외부치수

줄기초와 기초슬래브와의 연결

또 하나의 기초-통기초 — 193
형태와 작업이 가장 단순한 기초-통기초 | 통기초가 적합하지 않는 경우

7장 전기시설 — 197
아낌없는 투자가 필요한 주택의 신경

전기 공사의 범위 — 199
수급(受給)지점 | 내선공사 범위

기본적인 내선공사 — 201
내선공사에 사용되는 전선 | 전기 사용의 안전장치-분전반

전기시설의 분배와 여분 — 206
분전반에서의 효율적인 분배 | 인입전선의 여유 | 콘센트의 여유 있는 배치

안전과 관리를 위한 집중적인 배선 — 209
전열회로에서의 콘센트 연결 | 전등과 스위치의 연결 | 관리와 보수가 용이한 배선의 집중

8장 설비시설의 시공과 관리 ——————— 215
물관리만 잘해도 전원생활이 여유롭다

상수관 시설 ——————————————— 217
상수관의 종류와 용도 | 냉온수관의 일반적인 배관 | 효율적이고 보수가 용이한 배관
부동전의 설치 및 관리 | 정온전선, 동파방지 열선의 사용

지하수와 자동펌프 사용 ——————————— 227
잘못된 상식 첫째-펌프는 1대가 경제적이다? | 해결방법-물저장탱크 사용
잘못된 상식 둘째-물저장탱크 설치만 하면 절약이다?
잘못된 상식 셋째-절약을 위해 밸브를 조금만 연다?

부수 시설 ——————————————— 238
하수관과 트랩 | 지붕의 낙숫물과 우수(雨水)관 | 바닥 난방과 벽난로

- **맺음말** ——————————————— 245

부록
목구조주택의 일반적인 시공과정 ——————————— 248
수공식 통나무주택의 일반적인 시공과정 ——————— 256

1장

집, 뭐로 지을까?

자연이 인간에게 준 천연재료: 돌과 흙과 나무

돌−벽돌, 콘크리트, ALC
석조건축과 석조건축의 변천 | 인공 석재−시멘트벽돌과 콘크리트
콘크리트−건축자재로서의 장점
시멘트벽돌과 콘크리트−건축자재로서의 단점 | ALC−콘크리트의 개선

흙(황토)
흙이란? | 흙의 물리적 특성 | 건축 자재로서의 흙−황토

나무로 만든 건축자재−목재
나무의 기본 특성 | 건축 구조재로 사용되는 나무의 수종 | 목재와 건축비

건강한 집에 건강한 인간이 산다
주택은 숨을 쉬어야 한다 | 자연이 준 만병통치약−원적외선

'집'이란 무엇인가? 사전에는 '사람이 들어가 살 수 있게 지은 곳'이라 정의하였다. 여기서 '살 수 있게'란 '목숨을 이어 나간다'는 뜻이 될 것이다. 목숨을 이어나가려면 기본적으로 비바람을 막아 주어야 함은 물론이고, 여름에는 더위로부터 겨울에는 추위로부터 보호되어야 할 것이다. 그러나 현대의 집은 어떤가? 단순히 삶을 이어나가는 것에 더해 얼마나 건강하게 사느냐WellBeing가 더 중요한 가치로 자리 잡았다. 따라서 오염된 환경으로부터 인간을 보호해야하고, 정신적인 안정과 육체적인 편안함을 집의 조건으로 추가하게 되었다. 흔히 말하는 웰빙주택이다.

　주택을 지을 때의 주된 건축 재료는 매우 제한적이다. 이 제한적인 재료를 이용해서 보다 건강하고 튼튼하게, 그리고 값싸게 짓는 것이 최대 관건이다. 자연이 인간에게 준 천연의 건축자재는 돌과 흙과 나무다. 먼저 주택의 건축자재로서 이 세 가지의 장단점을 살펴보자.

돌 - 벽돌, 콘크리트, ALC

석조건축과 석조건축의 변천

물론 건축물의 구조체가 돌로 이루어진 것을 석조건축이라 한다. 석조건축은 돌기둥의 유무에 따라 가구식架構式과 조적식組積式 두 가지로 크게 나눈다. 가구식은 건축물의 주요 뼈대인 기둥과 보를 돌로써 구성하는

● 석조건축의 형태 구분

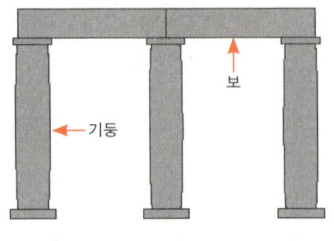
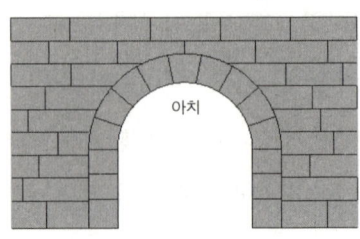

가구식(架構式)　　　　　　조적식(組積式)

형태로, 그리스의 파르테논 신전이 대표적이다. 조적식은 벽체나 기둥을 돌로 쌓은 후, 지붕이나 바닥은 돌로 아치 또는 돔 형태로 하거나 목조로 뼈대를 이루는 형태다. 사용되는 돌은 대개 화강암과 대리석이 대부분이며, 재질이 단단하고 조직이 치밀해서 내구성이 있다. 석재 자체의 아름다움과 육중한 외관에 인공적인 수려한 조각이 곁들여져, 서양에서는 고대부터 궁전, 신전, 성당 등 중요 건축물들이 돌로 건축되었다.

　그러나 이 석재는 조직이 치밀하고 단단한 반면, 운반과 가공이 힘들어, 현대에는 석재가 구조재로 사용되지 않고 건축물 내·외부의 장식재로 용도가 바뀌었다. 장식재 또한 천연석보다는 가공이 좀 더 용이하고 대량 생산이 가능한 인공석으로 대체되고 있는 추세다. 석조건축의 구조식은 거대한 석재의 운반과 시공이 어려워, 로마시대 이후부터는 대부분의 건축물이 조적식으로 이루어졌다. 또한 현대에는 조적식 석조 건축에 사용되던 불규칙한 크기의 돌을 대신해 크기가 일정하고 대량생산이 가능한 시멘트벽돌이나 블럭이 사용되고, 큰 건축물에는 시공이 보다 간편할 뿐만 아니라 구조적으로도 안정된 철근(철골)콘크리트가 주종을 이루고 있다.

인공 석재-시멘트벽돌과 콘크리트

천연 석재를 가공해서 필요한 형태로 만드는 것은 많은 인력과 시간을 필요로 한다. 반대로 잔돌들을 강하게 접착시켜 원하는 형태와 크기의 돌로 만들 수 있다면, 시간적으로 경제적으로 훨씬 유리할 것이다. 지구상에 가장 흔하게 널려져 있는 석회암가루는 고대부터 돌을 쌓을 때 접착제로 사용되었다. 현대에는 석회암가루를 이용하여 자갈 등의 잔돌들을 단단하게 서로 결합시키는 접착제로 사용하게 되었고, 이것이 시멘트다. 시멘트는 주성분인 석회암을 미세한 분말로 만들어 고온 가열하여 용도에 따라 첨가제를 넣은 것인데, 물과 반응하여 단단하게 굳는 무기질의 결합 경화제다. 모래와 자갈을 접착제인 시멘트와 혼합하여 일정한 형태로 굳히면, 천연 석재와 유사한 단단한 인공 석재를 만들 수 있다.

시멘트와 굵은 모래를 혼합하여 일정한 틀에 부어 굳힌 것이 시멘트 벽돌(블럭)이다. 시멘트 벽돌은 크기가 일정해서 쌓기가 수월하므로 조적식 벽체의 재료로 대부분 사용된다.

특정한 벽체나 기둥 등의 형태로 짠 틀(거푸집)에, 일정 비율의 자갈과 모래와 시멘트를 물로 반죽하고 부어 넣어 굳힌 것이 콘크리트다. 이때 모래를 사용하는 이유는 자갈과 자갈 사이의 공간을 접착제인

019

시멘트로만 채워지면 결합 강도에 문제가 있어 자갈과 자갈 사이 공간의 결합력을 보강하기 위해서다. 콘크리트는 기둥과 벽뿐만 아니라 벽체, 바닥, 지붕 등 모든 곳에 천연 석재 대신 사용할 수 있다. 콘크리트는 작은 돌들을 시멘트라는 접착제로 붙인 것이어서 누르는 힘(압축력)에는 강하지만 휘는 힘(인장력)에는 한계가 있다. 이를 철근 또는 철골로 보강한 것이 철근(철골)콘크리트다.

콘크리트-건축자재로서의 장점

시멘트와 모래, 자갈 등을 혼합하여 만든 콘크리트는 조직이 치밀하고 단단해서 천연 석재와 비슷한 강도를 가진다. 이들은 내구력이 천연 석재에 비해 다소 떨어지지만 다양한 형태와 크기로 쉽게 만들 수 있어 시공성이 매우 좋다. 시공이 쉬우면서 구조적으로도 매우 안정적이라 큰 규모의 구조물에 적합하다.

시멘트벽돌과 콘크리트-건축자재로서의 단점

접착제인 시멘트가 대기에 노출되면 화학 반응을 하게 되어 천연 석재에 비해 내구력이 떨어지는 단점이 있다. 흔히 시멘트는 최초 50년간은 양생기간이고 이후 50년은 결합력이 점점 약해지는 기간으로 본다. 즉 초기에는 약알칼리성을 띠면서 결합력이 우수하나, 대기의 이산화탄소와 반응하여 중성화 되어가면서 결합력을 잃게 되는 것이다. 그래서 콘크리트의 수명을 50년, 간혹 100년으로 보고 있다.

비록 자체적인 강도가 높다하나, 지진 등 강한 진동에는 시멘트의 결합력에도 한계가 있어 균열이나 파괴의 우려가 있다. 따라서 규모가 큰 건축물에서는 내진 설계가 필수적이다.

암석이나 토양에서 자연 발생하는 방사성 물질인 라돈 가스는, 특히 시멘트의 양생 시 다량 발생한다. 더구나 콘크리트는 흙이나 나무에 비해 조직이 치밀하므로 통기성이 전무하고 자체 정화 능력이 없다. 따라서 라돈을 차폐할 수 있는 마감이나 실내 환기에 주의해야 한다.

콘크리트는 조직이 치밀하기 때문에 열전도율이 좋다. 열전도율이 좋다함은 실내의 열이 콘크리트 등의 벽체를 통해 외부로 쉽게 빼앗긴다는 뜻이다. 또한 내부의 따뜻한 공기가 차가운 벽면에 닿아 쉽게 결로가 생겨 곰팡이 발생에 좋은 조건을 제공하게 되고, 곰팡이의 번성으로 실내 공기가 오염되어 인체에 악영향을 끼치게 한다. 요즈음은 단열 시공법이 많이 발달하여 외단열外斷熱(외부단열마감) 등으로 단점이 많이 보완 되었지만 구조적인 문제로 완전한 단열처리는 어려운 실정이다. 시멘트는 강한 친수성을 띠고 있어 쉽게 실내의 습기를 흡수하지만 단열처리로 인해 벽체가 외부로부터 밀폐되므로 습기배출이 대단히 어렵다. 이것이 실내의 습도 조절에 더욱 악조건이 된다.

ALC-콘크리트의 개선

ALC^{Autoclaved Lightweight Concrete}(경량 기포 콘크리트)는 무수히 많은 작은 기포를 포함하는 콘크리트다. ALC는 콘크리트나 시멘트벽돌의 열전도율과 이로 인한 단열의 문제점을 보완한 것이다. ALC는 특정한 규격으로 블럭과 패널의 형태로 공장에서 생산된다. 블럭은 벽체용이고, 패널은 벽체, 지붕, 바닥용으로 구분된다.

 ALC는 콘크리트에 비해 시공이 비교적 용이하다. 무수한 기포로 형성 되어있어 무게가 가볍고, 단열 효과가 대단히 우수하여 별도의 단열 시공이 필요 없다. 또한 방음과 차음의 효과도 크다. 흙과 같이 자체의 통기성이 있어 제대로 시공만 한다면 습도를 조절할 수 있는 능력도 있다. 그러나 일반 콘크리트에 비해 강도가 약하다. 그렇다고 일반주택의 건축자재로서 우려할 정도는 아니다.

 그러나 ALC의 가장 큰 단점은 스폰지처럼 습기를 잘 흡수하지만 건조가 더디다는 점이다. 따라서 우기에 시공할 경우 각별한 주의가 필요하며, 내부와 외부 마감은 충분한 건조가 우선되어야 한다. 외부의 습기를 차단 할 목적으로 외부를 드라이비트(외단열의 통칭으로 사용되지만 드라이비트는 상품명임.)처럼 밀폐를 시키는 시공은 오히려 내부의 습기를 배출하지 못하는 구조가 되어버려 문제가 될 수 있다.

흙(황토)

흙이란?

흙의 사전적 의미는 '암석이 풍화되어 퇴적된 것에 유기물이 혼합되어

육지의 대부분을 차지하고 있는 자연 물질'이라 할 수 있다. 흙의 주성분은 암석이 풍화된 미세한 광물질과, 각종 동·식물이 오랜 세월 분해된 유기물이다. 이외에도 흙의 입자 표면에 화학적으로 결합된 상태의 결합수와, 흙속에서 활발한 생명력을 가진 미생물이 있다. 결합수는 흙속의 여러 유기질과 무기질을 보존하는 역할을 하고 미생물은 수많은 종류의 효소를 생산해내고 있다. 이들 효소는 인체에 유해한 독소들을 분해 정화하는 작용을 한다.

흙은 무기질과 유기질의 종류와 양에 따라 서로 다른 색상을 띠는데, 그 색상에 따라 백토, 갈색토, 적토, 회색토, 흑토로 대략적인 구분을 할 수 있다.

백토는 주로 바위속의 장석 성분이 탄산이나 물에 의한 화학적 풍화에 의해 생성된 것으로, 고령토라고도 불리며 우리나라에는 경남 하동에서 많이 생산된다. 입자가 곱고 색깔이 밝아 주로 도자기의 원료로 사용된다.

흑토, 회색토는 식물의 낙엽이나 가지 등 다량의 유기질로 형성된 것이다. 이 유기질의 부식 정도에 따라 흑토와 회색토로 나뉜다. 흑토는 활발한 미생물의 활동으로 유기질의 부식이 잘 된, 작물 재배에 이상적인 비옥한 흙이다. 그러나 회색토는 여러 여건으로 유기질이 부식되지 않아 강한 산성을 띠게 되고, 입자가 매우 미세하여 토양 배수가 원활하지 않다.

갈색토는 유기질이 적고 탄산석회분이 많이 포함된 것으로, 우리나

라의 산악 지형에 많다. 기름지지 않아 방목지로 사용되며, 곡류 재배에는 적당한 물 공급이 필요하다.

적토 역시 유기질은 풍부하지 않고, 철 등의 산화물을 많이 함유하여 적색을 띤다. 우리나라의 구릉지와 평야 등에 넓게 분포되어 있다.

흙의 물리적 특성

암석이 풍화 될 때, 기본이 되는 성분들의 단단한 정도에 따라, 그리고 풍화된 시간에 따라 입자크기가 다양하다. 이 입자의 크기로 아래 표와 같이 분류 할 수 있다. 학자에 따라 분류하는 입자의 크기가 조금씩 다르다.

흙의 물리적 특성은 포함하고 있는 성분과 입자의 크기에 좌우된다. 입자의 크기에 따른 물리적 특성은 물과도 밀접한 관계가 있다. 입자가 클수록 입자간의 간극이 커 공기와 물의 이동이 쉽다. 즉, 통기성과 투수성이 좋다. 반면에 입자가 작을수록 간극이 작기 때문에 통기

● 입자 크기에 의한 흙의 분류

구분			입자 크기 (mm)	
자갈(gravels)			2.0 이상	
세토(細土) fine earth	모래(sand)	조사(粗砂)	2.0 ~ 0.25	2.0 ~ 0.2
		세사(細砂)	0.25 ~ 0.05	0.2 ~ 0.02
	미사(微砂, silt)		0.05 ~ 0.005	0.02 ~ 0.002
	점토(粘土, clay)		0.005 이하	0.002 이하

성과 투수성은 상대적으로 떨어지지만 모세관수는 많다. 또한 입자가 작을수록 단위체적당 표면적이 크기 때문에 표면적에 비례하여 결합수가 많다. 따라서 입자가 작을수록 보수성保水性과 각종 유기질의 양분 보유력이 커지므로 미생물도 많이 존재한다. 보수성이 클수록 점성과 응집력이 크므로 어떤 형태를 만들었을 때 그 모양을 계속 유지하려는 가소성이 좋다. 물론 어느 정도 적당한 물이 공급되었을 때의 경우이다. 아무리 가소성이 좋다 해도 물을 너무 많이 공급하면 쉽게 허물어질 수밖에 없다.

온도 변화에 크게 좌우되지 않는 결합수와 달리, 모세관수는 온도가 높아지면 증발하여 빈 공간이 되고, 주위가 습해지면 모세관 작용으로 수분을 흡수하여 습도 조절이 가능하다. 또한 흙은 돌과 달리 조직이 치밀하지 않고 무수한 작은 공극을 포함하고 있어 열을 차단하는 성질이 있고, 가해진 열을 오랫동안 서서히 방열하는 효과가 있다. 방열하는 시간뿐만 아니라 방열 효율 또한 높다.

건축 자재로서의 흙 – 황토

옛날부터 집지을 때나 한약재로서 효험이 있다는 황토란 무엇인가? 황토의 명확한 정의는 상당히 애매모호하여 완벽한 구분은 어렵다. 학술적, 사전적 의미를 무시하고 황토를 정의한다면, 황갈색이나 적갈색을 띠는 흙이라 할 수 있겠다. 유기질이 주성분인 흑토와 회색토, 부엽토를 제외하고, 또한 장석을 주성분하여 입자가 고운 백토를 제외한다면, 우리나라 대부분의 흙을 황토로 생각할 수 있다. 우리나라의 황토는, 석영을 주성분으로 하고 다량의 산화철을 함유하고 있어 황색이나 적색을 띠고 있다. 영남지방의 황토가 황색에 가까운 반면, 산화철의 함량이 보다 많은 호남지방의 황토는 주로 붉은색을 띠고 있다.

그러나 주변에서 쉽게 구할 수 있는 황토가 모두 건축자재로서 적당한 것은 아니다. 첫째, 입자의 크기를 고려해야 한다. 모래처럼 입자가 클 경우 응집력이 작아 쉽게 허물어질 것이다. 반면에 매우 고운 입자만으로 사용하면 응집력이 큰 반면에 건조가 더디고, 건조과정에서 갈라짐 또한 심해진다. 미사微砂, silt 크기가 적당하다고 볼 수 있지만, 균일한 크기의 입자로만 존재하기가 어렵다. 따라서 점토 크기의 입자가 약 30~40%정도 되게 인위적으로 조절하고, 갈라짐을 방지하기 위해 짧게 자른 짚이나, 마닐라 로프 풀어헤친 것 등을 함께 섞는 것이 좋다.

두 번째가 건강한 황토다. 건강한 황토가 되기 위해서는 흙 속 물이 건강해야 하고, 인체에 유익한 효소를 만들어내는 미생물이 많이 있어야 한다. 그러기 위해서는 오염수가 흐르지 않고, 농약 등의 유해 물질로부터 영향을 받지 않아야 한다. 미생물이 많이 존재하기 위해서는 겨울에도 얼지 않고 미생물 환경에 적당한 온도를 연중 유지할 수 있는 깊이에 있는 황토가 좋다.

그러나 황토는 자체 결합력이 돌이나 나무에 비해 약하고, 특히 물과의 접촉에는 매우 취약하여 관리가 만만치 않다. 따라서 균열이 심해 자주 손을 보아야하며, 빗물을 차단하는 구조여야 한다. 또한 규모가 큰 구조물이 될 경우 기둥이나 보 등은 목재로써 보강이 필요하다. 간혹 외벽을 빗물로부터 보호하기 위해 시멘트 몰탈로 미장하는 경우가 있는데, 이는 황토를 사용하는 의미가 없어지는 것이다.

나무로 만든 건축자재 – 목재

나무의 기본 특성

주위에서 쉽게 구할 수 있고, 무게에 비해 강도가 크기 때문에 옛날부터 나무는 흙과 더불어 가장 많이 사용된 건축자재다. 나무는 섬유질의 미세한 관 조직들이 다발형태를 이루고 있어 가볍고 탄력성이 있으며 강도가 높다. 휨강도는 같은 중량의 철재보다도 더 크다. 탄력성이 있기 때문에 충격 및 진동을 흡수하고, 소음을 차단하는 기능도 뛰어나다. 미세한 관 조직은 공기층을 형성하여 단열과 습도 조절 능력, 통기성이 우수하다. 특히 목재 고유의 물질이 공기 중에 방출되어, 살균 및 공기 정화 능력이 있다. 자연적인 소재이므로 질감이 좋고 정서적인 면에서도 유익하다.

   단점은 습기를 포함하는 정도에 따라 수축과 팽창이 심하고, 특히 건조되면서 수축하여 비틀리거나 갈라지는 성질이 있다. 흡수성이 커 습기가 많은 곳에서는 부식하기가 쉽다. 노출된 부분은 쉽게 변색이

되고, 병충해에 약하며 불에 잘 타는 성질로 인해 내화성이 낮다.

건축 구조재로 사용되는 나무의 종류

나무는 잎의 모양에 따라 침엽수와 활엽수로 크게 둘로 나눈다. 활엽수는 침엽수에 비해 대체적으로 단단하고 무거우면서 나뭇결이 아름답고 화려하지만, 대부분 줄기들이 가로 방향으로 퍼지면서 성장하는 것이 많아, 굵고 긴 목재를 얻기가 어렵다. 이에 비해 침엽수는 재질이 다소 연하지만 탄력성이 있고 질기다. 또한 무엇보다 곧게 수직으로 자라기 때문에 굵고 긴 목재를 얻기가 쉽다.

   기둥과 보, 도리 등과 같이 구조적인 강도를 요하는 건축재로는 소나무과에 속하는 침엽수가 주종이다. 소나무과에 속하는 침엽수 중에서도 건축재로써 사용되는 수종은, 소나무Pine 와 전나무Fir 가 대부분이며 가문비나무 Spruce가 일부 사용된다. 특히 이 세 가지에 해당하는 수종을 영어 첫 글자를 따 S.P.F로 표기하여, 목구조주택의 샛기둥이나 장선, 서까래 등에 사용되는 구조재의 재료를 지칭한다. 구조재로 국내에서 가장 흔하게 사용되는 목재를 수종별로 살펴보자.

육송陸松 국내의 내륙 지방에 자생하는 토종 소나무로, 내륙에서 자란다하여 육송이라 불린다. 껍질이 붉어 일본에서는 적송赤松이라고도 한다. 재질이 아주 강하지는 않지만, 질기고 가공이 쉬워 한옥의 기둥과 보에 많이 사용되었다. 그러나 생장 속도가 늦어 건축재로 적합한 크기로 성장하기에 많은 시간이 필요하여 현재에는 수량 확보가 여의치 못하다. 또한 원구(잘랐을 때 뿌리쪽)와 말구(원구의 반대쪽)의 굵기 차이가 심해 긴 장목을 구하기가 용이하지 않다. 따라서 희소성으로 인해 건축재로서는 가격이 다소 비싸다. 각재로 켜면 옹이가 많아 잘 부러지거나 변형이 심해 건축 현장의 보조재로 많이 사용된다.

금강송金剛松 강송, 춘양목 등 여러 이름으로도 불리며 강원도와 경북의 산악지역에서 자생하는 소나무의 변종이다. 줄기가 곧고 길 뿐만 아니라 재질이 치밀하여 국내에서 자생되는 수종으로는 최상의 건축재이다. 그러나 현재는 개체수가 적어 문화재의 보수와 같이 특수 용도에만 사용되는 보호 수종이다.

낙엽송落葉松 일본이 원산지인 낙엽송(일본잎갈나무)은 1900년대 초에 산림녹화를 목적으로 인공 조림되었다. 생장 속도가 빨라 현재에는 개체수가 엄청나다 할 수 있다. 곧고 길뿐만 아니라 재질이 매우 치밀하여 강도가 아주 좋다. 그러나 건조하면 못이 들어가지 않을 정도로 너무 단단하여 가공이 어려울 뿐만 아니라, 속껍질의 미세한 잔가시로 인해 목수들의 기피대상이 되어 왔다. 이로 인해 건축재로서의 사용은 미미하고 주로 토목용으로 사용되었다. 현재는 각목, 원주목, 합판 형태의 목재로 가공되기 시작하여 그 사용범위가 늘어가는 추세다.

더글러스Douglas 북아메리카 지역에 분포하는 소나무로 침엽수 중에 재질이 가장 견고하다. 재질이 단단할 뿐만 아니라, 결이 좋고 심재가 약간 붉은색을 띠고 있어 금강송에 견줄 만하다. 길이가 길고 길이에 비해 원구와 말구의 굵기 차이가 적어 원목 상태로 수입되어 통나무주택의 건축자재로 많이 사용된다.

햄록Hemlock 북아메리카 북서부 지역에 분포하는 전나무로 더글러스 다음으로 재질이 비교적 견고하다. 국내 고유의 전나무는 개체수가 적고, 일부 지역에 군락상태로 보호받고 있는 실정이어서 건축재로는 대부분 수입에 의존하고 있다. 더글러스보다 가격이 비교적 저렴하여 원목상태로 통나무주택의 자재로 많이 사용된다. 가공이 용이하여 목구조주택의 구조재로 가공된다. 원목상태로는 주로 캐나다로부터 수입을 하고, 목구조 주택의 구조재로는 미국으로부터 주로 수입된다.

스프러스Spruce 국내의 수종명은 가문비나무이고, 침엽수 중 가장 가벼운 수종이다. 가벼운 무게에 비해 재질이 강한 편이고, 가공하기에 쉽다. 백색에 가까운 갈색을 띠고 있어 색상이 자연스러우며, 조직이 곧고 결이 부드러우면서 옹이가 적어, 구조재보다는 마감재로의 사용이 많다. 주로 캐나다에서 수입한다.

이외에도 목재는 다양한 용도에 따라 수많은 수종이 사용되고 있으며, 산지에 따라 다르게도 불린다. 북미에서 수입되는 소나무류를 미송으로, 뉴질랜드에서 인공으로 조림되어 수입되는 목재를 뉴송, 러시아 지역의 수입 소나무를 러송이라 부르기도 한다. 특히 뉴송은 천연림이 아닌 인공 조림으로, 미송에 비해 강도가 약하고 가격 또한 낮다.

목재와 건축비

목재는 그것이 구조재이든 마감재이든 건축비에 많은 부분을 차지하고 있다. 육송과 같은 국산 목재는 희소성으로 인해 수입목에 비해 가격이 높은 편이다. 또한 장목이 될수록 운반 및 관리비가 더해져 단가가 비싸게 된다. 비록 벌목 현장에서 저렴하게 구입한다 해도 바로 건축재로 사용하지 못한다. 필수적인 자연 건조 과정을 거치게 되면 많은 시간과 공간이 필요하다.

수입목은 수입과 유통과정에 따른 원가상승이 필연적이고, 무엇보다 환율 변동에 민감하여 가격변동이 심하다. 가격변동도 대개 하락보다는 상승에 치중되는 경향이 있다. 또한 봄이나 가을이 되어 건축 성수기가 되면 수요가 늘어, 이 또한 가격 상승을 부채질한다.

목재는 다른 건축재와 달리 필요한 부분을 사용하고 남는 자투리가 많이 발생하며, 이 자투리의 활용도가 지극히 낮다. 따라서 시공 전에 소요되는 자재의 길이와 수량을 잘 파악해야 자재비를 조금이라도 절약할 수 있다.

건강한 주택에 건강한 인간이 산다

가장 중요하고 주택의 궁극적인 목적이라 할 수 있는 것이 건축 자재가 얼마나 인체의 건강에 도움을 줄 수 있는가 하는 것이다. 따라서 자재의 특성을 잘 알고 최대한 유익하게 활용하는 것이 무엇보다 중요하다.

주택은 숨을 쉬어야 한다

정확한 표현은 아니지만, 흔히 우리는 전통적인 장독이 '숨을 쉰다.'라고 표현한다. 장독이 숨을 쉰다는 것은, 장독 내 음식물속 미생물의 활발한 활동에 필요한 조건을 제공한다는 뜻이다. 그래서 밀폐된 플라스틱 통이나 유리병보다는 장독이 미생물의 활동에 보다 좋은 환경을 제공하여 음식물의 발효를 촉진하고 보다 많은 효소를 만들어 냄으로써 말 그대로 건강식품의 창고가 된다.

 이와 같이 건강한 주택의 첫째 조건이 숨을 쉬어야 하는 것이다. 주택이 숨을 쉬게 되면 그 주택에서 생활하는 인간에게 보다 좋은 환경을 제공하게 될 것이다. '숨을 쉬다' 즉 통기성은 미세한 공간이 있음을 의미하는데, 이는 단열과 습도 조절 능력과도 매우 밀접한 관계를 가지고 있다. 미세한 공간은 열이 전달되는 길을 차단하는 역할을 할 뿐만 아니라, 공기 중의 습기를 보관하는 역할을 한다.

단열이 좋으면 여름에는 바깥의 뜨거운 공기를 차단하고, 겨울에는 실내의 더운 공기를 보관하여 인간에게 적절한 온도를 제공할 수 있다. 덤으로 냉·난방비를 절감하는 경제적 효과도 얻을 수 있다. 주위가 습할 때는 습기를 빨아들이고, 건조할 때는 가지고 있는 습기를 방출하여 실내의 습도를 조절함으로써 항상 쾌적한 환경을 만들어 준다. 이런 습도 조절은 곰팡이의 번식을 억제함으로써 깨끗한 공기를 유지시켜준다.

흙은 습도 조절력이 아주 좋고, 단열성도 비교적 좋은 편이다. 나무나 ALC는 단열성과 습기를 흡수하는 능력은 아주 좋으나, 친수성이 강해 습기를 배출하는 능력은 다소 떨어진다. 그래서 동절기에는 오히려 실내가 건조할 수 있다.

자연이 준 만병통치약 – 원적외선

인간이 눈으로 볼 수 있는 가시광선보다 파장이 긴 전자파를 적외선이라 하는데, 적외선 중에서도 보다 파장이 긴 것을 원적외선이라 한다. 원적외선은 파장이 길기 때문에 인체 내부에 깊숙이 침투할 수 있고, 인체를 구성하는 유기조직과 공진 공명하여 온도를 상승시키는 열작용이 크다. 이 열작용으로 모세혈관이 확장되어 혈액 순환이 촉진되고, 인체 세포조직의 재생력을 키워준다. 세포 조직을 활성화시켜줌으로써 신진대사가 활발해져, 노화방지와 면역력 상승뿐만 아니라 성인병 예방과 질병 치료에도 효과가 있다. 대부분의 물질에 열을 가하면 미미하나마 원적외선을 얻을 수 있다.

특히 황토는 다량의 원적외선을 방출한다하여 웰빙 건축재로 으뜸이라 할 수 있는데, 여기에는 '고온가열'이라는 전제 조건이 있다. 황토는 상온이 아닌 고온이 되어야 타물질보다 월등한 원적외선을 방출한다. 오히려 상온에서는 목재가 황토보다 훨씬 많은 원적외선을 방출한다. 따라서 바닥 난방을 하는 주택의 경우 바닥은 황토로 마감하고 벽체는 통나무 등의 목재를 사용하면, 좀 더 이상적인 웰빙주택이 되는 것이다. 바닥재로 황토를 쓸 경우 좀 더 많은 원적외선을 얻고자 황토에 흑운모를 첨가하기도 하지만 자재비가 만만치 않다.

밤나무는 피하자!

대부분의 나무는 심재에 여러 가지 물질을 축척하고 있으며, 나무가 절단되거나 열을 가하면 기체로 휘발되는 성분을 가질 경우가 있다. 특히 밤나무에서 발생하는 휘발성 기체는 인체에 해로운 것으로 두통이나 심하면 구토를 유발하기도 한다. 옛날부터 밤나무로는 가재도구를 만들지 않을 뿐만 아니라, 집안에도 들이지 않고 있다. 부득이 불을 피울 때 사용해야 할 경우에도 반드시 환기가 되는 트인 공간이어야 한다. 이러니 건축재로서는 반드시 피해야 한다.

2장

나를 알고 집을 알면 백전백승이다

건축 재료로 분류한 주택의 종류와 장단점

조적조(시멘트 벽돌)주택
콘크리트 주택
ALC주택
조립식주택 – 샌드위치패널
황토(흙)집
한옥
귀틀집
통나무주택
목구조주택, 스틸하우스
나에게는 어떤 종류의 집이 좋을까?

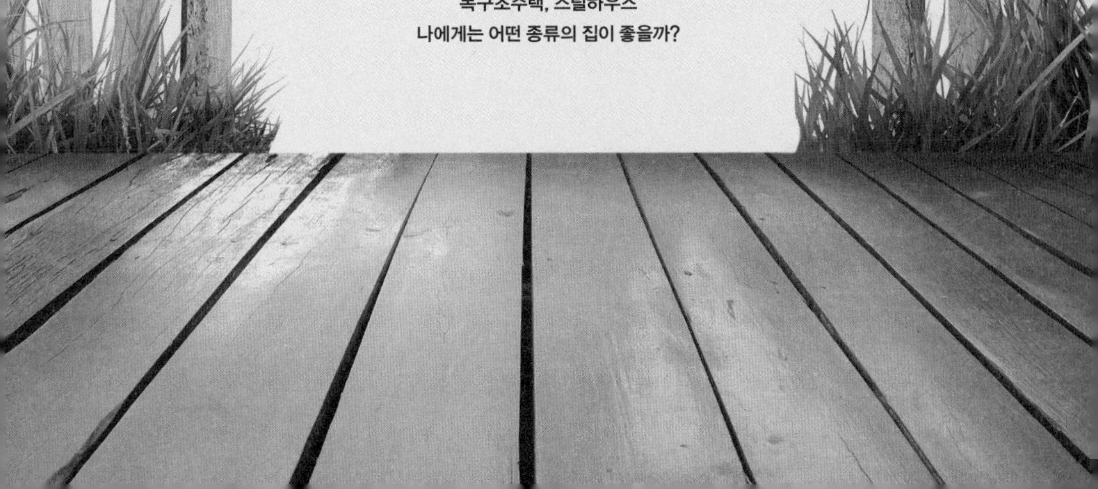

근래에 일반적인 단독주택이나 전원주택으로 대중을 이루는 주택 형태들과 각 주택의 특성을 간략히 살펴본다. 각 주택의 장단점은 개인의 관점에 따라 분명히 다르다. 특히 단점이라 서술한 것은 절대적인 것이 아니라 보편적으로 나타나는 문제점을 나타낸 것이다. '이러이러한 단점이 있으니 이 주택은 나쁘다'라고 말하는 것이 아니고, 예견되는 문제점을 미리 알아 이를 보완할 수 있는 방법을 찾는데 도움이 되었으면 하는 바람이다.

건축비용은 일반적인 마감을 기준으로 상대적으로 비교하였다. 동일 건축물이라도 시공방법이나 마감에 따라 건축비용이 상당히 달라지기 때문이다. 따라서 각 주택형태를 단순 비교하는 참고자료로만 활용하였으면 한다.

주택의 분류 방법도 다양하나 여기에서는 벽체를 이루는 자재의 종류에 따라 나름대로 분류한 것이다. 그러나 실제의 주택은 몇 가지 형태들을 혼합한 경우가 많다.

조적조(시멘트 벽돌)주택

가장 일반적인 주택

소규모 주택에서 가장 흔하게 볼 수 있는 주택 형태로, 벽체를 규격화된 시멘트 벽돌로 쌓아 올린 구조를 한다. 외벽은 스티로폼으로 단열처리를 한 후 그 바깥을 다시 벽돌 등으로 치장 쌓기를 하는 것이 가장 일반적이다. 치장 쌓기에 적벽돌 등으로 외부 마감을 대신하기도 하고, 시멘트 벽돌을 사용할 경우 미장과 함께 도장을 하는 것이 기본적인 시공이다. 이런 중단열中斷熱 시공은 스티로폼과 스티로폼을 잇대는 사이에 빈틈이 생기면 단열효과를 거의 기대할 수 없는데, 빈틈없는 시공이 사실상 불가능하다.

　근래에 들어서는 외벽 전체를 단열재로 감싸는 외단열外斷熱 (외부단열마감) 공법이 일반화되어 비교적 단열 효과가 나아졌다. 드라이비트, 사이딩 등의 시공으로 단열 효과를 높이면서 다양한 외부마감이 가능하게 되었다.

　주택의 규모가 어느 정도 커지거나 2층 이상이 될 경우, 벽체 전체를 벽돌쌓기로만 하기에는 구조적으로 한계가 있다. 이 문제점을 보완하는 형태가, 기둥과 보를 철근 콘크리트로 하고 기둥과 보 사이의 벽체는 벽돌을 쌓는 것으로 흔히 라멘Rahmen조라 불리는 형태를 한다.

조적조 주택의 장단점

가장 큰 장점은 시공비가 비교적 저렴하여 초기 비용이 적고, 시공 자체가 상당히 간단한 점이다. 시공 중에는 설계변경이 용이하지만, 시공 후에는 부분적인 수정 및 보수가 상당히 어렵다. 특히 벽체 연결 부분은 철저한 시공이 아니면 문제 발생의 소지가 많다. 기초 공사에 특히 신경을 써야 하는데, 지반의 침하 등으로 기초에 문제가 생기면 조적조 벽체의 균열이 나타나며 구조적으로 취약해진다. 기초가 튼튼하다 하여도 벽체 자체의 균열과, 벽체와 창틀(문틀) 사이에 틈새 발생이 심하다. 더구나 한번 발생된 균열은 보수 또한 불가능한 것이 더욱 큰 문제다.

이와 같이 구조적으로 취약하며 내구력 또한 좋다고 볼 수 없다. 특히 지진에는 매우 취약하다. 건축 수명은 일반적으로 30~40년 정도로 본다.

● 중단열과 외단열

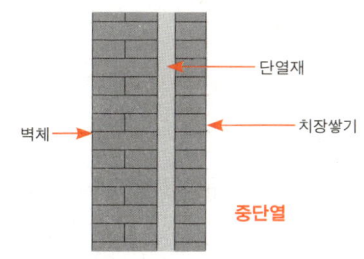

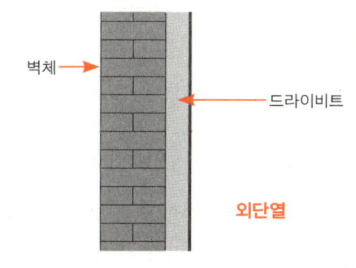

내·외단열을 아주 잘해도 기본 구조상 열손실이 크기 때문에 단열효과가 낮아 냉난방비의 부담이 크다. 습도 조절력이 약해 주위 습도가 높은 장마철과 동절기의 결로 현상에 특히 유의하지 않으면 실내 곰팡이에 의한 냄새 발생의 원인이 된다. 또한 환기에 유의하지 않으면 방사성 라돈 등의 유해물질이 인체에 해를 미칠 수 있다.

콘크리트주택

형태가 다양한 콘크리트주택

콘크리트를 부어 굳을 때까지 모양을 형성 유지시켜 주는 틀인 거푸집이 대부분 규격화되었다. 따라서 시공시간의 단축에 따른 건축비용이 많이 감소되었다. 시공 방법에서도 많은 발전이 있어 주택 모양도 여러 형태로 다양화할 수 있게 되었다. 최근에는 일반 소형주택에도 조적조나 라멘조주택을 대신하여 콘크리트주택이 일반적이다. 특히 도시의 경우 고층건물은 말할 필요도 없고, 비교적 규모가 작은 소형 주택도 협소한 작업현장에서 무난한 시공이 가능하고, 자재수급이 원활한 콘크리트주택이 전부라 해도 과언이 아니다.

콘크리트를 이용한 전원주택

무엇보다 콘크리트가 주는 심리적 안정감과 상대적으로 저렴한 시공비 등으로 인해 전원주택에도 콘크리트가 많이 사용되고 있다. 심지어 콘크리트 구조물을 노출시켜 건축물의 외관을 현대적이면서 개성 있게 표현하는 노출 콘크리트주택도 늘고 있다. 단열효과를 높이면서 동시에 다양한 외부 마감을 가능하게 하는 발전된 외단열 공법도 콘크리트를 선택하게 하는 원인 중 하나다.

콘크리트 주택의 장단점

건축비용측면에서 보면 조적조주택을 약간 웃도는 수준으로 비교적 저렴하다. 구조적으로도 안정적이며, 시공 후 유지 보수는 거의 손이 가지 않아도 되는 장점이 있다. 그러나 시공 중 설계변경이 쉽지 않고, 시공 후에도 부분적인 수정이 상당히 어렵다. 콘크리트 양생 중 발생하는 벽체의 균열 발생과, 벽체와 창틀(문틀) 고정에 특히 유의해야 한다. 구조적으로 안정적이기는 하나 내구성이 다소 약해 건축 수명은 일반적으로 40~50년 정도로 본다. 철근 콘크리트의 특성상 정하중에는 강하지만 지진에는 비교적 약하다. 물론 현재 고층 건물의 경우 내진 설계가 이루어지지만 일반 소형 주택에까지 내진 설계를 적용하기란 건축비면에서 용의하지 않다.

단열이나 습도 조절력이 조적조주택과 유사하거나 약간 나은 수준이다. 단열 효과가 매우 좋다고는 할 수 없어 냉난방비의 부담이 발생할 여지가 있다. 조적조주택처럼 습도조절력이 약해, 주위 습도가 높은 장마철과 동절기의 결로 현상에 특히 유의하지 않으면 실내 곰팡이와 냄새 발생의 원인이 된다. 환기에 유의하지 않으면 방사성 라돈 등의 유해물질이 인체에 해를 미칠 수 있다.

ALC주택

국내에는 1990년대 후반에 처음으로 소개가 되었다. 시멘트 벽돌이나 콘크리트의 최대 단점인 단열문제를 해결한 소재로서, 시공성이 좋고 무엇보다 현대적인 미적 감각을 충족시킬 수 있어 2000년도 중반 이후로 점차 증가 추세에 있다. 도입 초기에는 시공방법에 있어 ALC의 특성을 제대로 살리지 못하여 문제가 발생하기도 했지만 시공방법이 어느 정도 보편화되어 현재는 주택의 기능뿐만 아니라 현대적인 건축미로 점차 인기를 얻어가고 있다. 그러나 아직은 수요가 많지 않아 자재비가 다소 비싼 편이다.

건축재로서 ALC의 단점

ALC(경량 기포 콘크리트)는 말 그대로 수많은 기포를 가진 콘크리트다. 따라서 시멘트 벽돌이나 콘크리트에 비해 강도는 다소 떨어지지만 무게가 가볍고 시공이 용이하다. 수많은 기포로 인해 단열성이 좋고, 더불어 방음과 차음이 뛰어나다. 또한 원료 자체가 시멘트와 같은 무기

ALC를 이용한 전원주택

질로 이루어져 있어 화재에도 강하며, 내구성이 좋고, 무엇보다 무공해 소재라서 인체에도 유익하다. 이처럼 생산업체나 전문시공업체의 말을 빌면 거의 완전무결한 건축자재인 셈이다. 국내는 초기 도입 단계인지라 시공결함에 의한 실내의 습기배출 문제와 가격이 다소 비싸다는 점 외에는 현재로서는 이렇다 할 문제점을 말하기가 쉽지 않다. 구조적인 강도라든지 내진성 등은 좀 더 두고 보아야 할 것 같다.

  ALC는 무기질 원료가 갖는 친수성과 수많은 기포로 인해, 흡습성이 아주 좋은 반면 습기의 배출은 서서히 이루어진다. 이 흡습성을 제대로 살리면 습도 조절이 좋은 장점이 되지만, 반대로 시공이 잘못 될 경우 가장 큰 문제가 된다. 습기에 노출된 ALC는 마치 수건과도 같다. 젖은 수건을 비닐로 덮어보라. 얼마가지 않아 냄새가 나고 곰팡이가 생길 것이다. ALC가 흡습성이 강하다 하여 빗물 등으로부터 보호할 목적으로 외부를 드라이비트나 방수 미장 등으로 밀폐하였을 경우, 습기 배출은 실내로 밖에 할 수 없다. 그 결과 내부에 곰팡이가 생기고 냄새가 나게 된다.

    ALC 시공에서의 첫째 고려 사항은 지면으로부터의 이격이다. 기초를 높게 하게나 차단재를 사용하여, ALC가 지면의 습기와 만나는 것 자체를 차단시키는 것이 우선이다. 그다음이 실내외의 습식 공정, 예를 들면 바닥 미장 등 물을 사용하는 공정이 끝난 후, 난방 등으로 ALC를 건조시키는 것이다. 건조가 되었다고 판단이 된 후, 내부 및 외부를 마감할 경우에도 발수 및 통기성이 있는 자재를 사용해야 한다. 또한 시공 중 자재관리에 유의하여, 가능하면 눈·비와 같은 수분에 노출이 되지 않도록 해야 한다.

조립식주택 - 샌드위치패널

조립식주택의 원래 의미는, 공장에서 생산되어 규격화된 부재를 사용하여 현장에서 조립된 집을 의미하는 것이다. 이 조립식에 사용되는 부재는 그 종류가 상당히 다양하지만, 여기서는 흔히 말하는 '샌드위치패널'로 조립하여 지은 집으로 범위를 한정한다. 샌드위치패널은 두 장의 강판 사이에 일정한 두께의 단열재를 채운 패널 형태로 그 폭이 일정하다. 강판사이를 채우는 단열재로는 합성수지PIR폼, 우레탄 PUR폼, 유리섬유, 스티로폼 등이 있으며, 가장 저렴한 스티로폼 패널이 주종을 이루고 있다. 소규모의 주택에는 별도의 골조를 쓰지 않고 패널만 사용하지만, 지붕이나 천정 등에는 철구조물이 필요하다. 물론 규모가 커질 경우에는 별도의 구조물이 필요하며, 규모와 용도에 따라 H형강, C형강 등을 사용한다.

샌드위치패널 주택의 장단점

자재비가 저렴하면서도 시공이 간편하여 시공 시간이 짧아 상대적으로 건축비 부담이 가장 적다. 시공 중 설계변경이 쉽고 시공 후에도 부분적인 수정 및 보수가 용이하며, 무엇보다 해체와 이전 설치, 그리고 재활용이 가능하다.

　이러한 이유로 창고나 간이건물, 현장사무실, 축사 등의 건축용도로 주로 사용된다. 이와 같이 건축비가 저렴하면서 상대적으로 단열이 좋다하여, 스티로폼패널을 사용한 조립식이 주거용 주택에도 적용되었다. 외벽을 사이딩으로 마감하고, 내벽을 석고보드 및 벽지 등으로 마감하면 건축비가 저렴하면서도 외관상 목조 주택과 유사한 분위기를 낼 수 있다. 이처럼 건축비 측면에서 본다면 가장 저렴한 주택 형태라 하겠다. 물론 내부의 마감재를 무엇으로 하느냐에 따라 차이는 있다.

● 샌드위치패널의 열손실

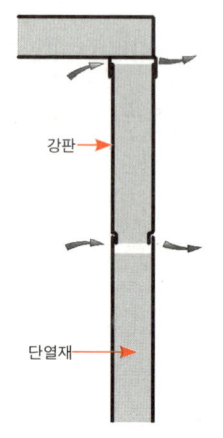

강판

단열재

흔히 조립식 주택이 단열이 좋다고 한다. 물론 패널 한 장만 보면 단열성은 뛰어나다. 그러나 조립과정에서 보면 패널끼리의 완전한 밀착이 매우 힘들다. 그리고 단열재를 감싼 강판이 외부로 연결되는 구조이므로, 내부의 열이 밖으로 전달될 수밖에 없다. 따라서 전체적으로 보면 내부에 단열보강을 하지 않는 한 단열성이 좋다고만 할 수 없다.

패널을 감싼 강판은 밀폐성이 좋은 반면 습기의 조절능력은 전무하다. 주방에서 조리나, 화장실, 그리고 인체에서 늘 습기가 발생한다. 겨울철에는 이런 습기가 강판에 닿아 결로가 되고, 여름에는 외부의 습기에 그대로 노출이 되는 상태라 인위적인 습기 배출이 없다면, 실내는 항상 습할 수밖에 없다.

단열을 목적으로 하는 우레탄폼이나 스티로폼은 화재에 상당히 취약하다. 불이 잘 타는 것도 문제지만 화재발생시 내뿜는 유독가스는 거의 치명적이다. 더구나 강판에 싸여 있어 화재가 발생하였다하면 진화란 거의 불가능에 가깝다. 현대인의 생활조건에 전기와 불은 필수적이다. 주방의 화기와 겨울의 각종 전열기도 화재의 원인이 되지만, 벽속에 숨어 있어 눈에 보이지 않는 전기 배선은 특히 우려해야할 숨은 복병이다.

샌드위치 패널을 이용한 전원주택

화재와 관련한 건축법을 떠나, 단지 건축비가 싸다는 이유로 스티로폼패널을 주거용 건축재로 사용한다는 것에 대해서는 재고의 여지가 있다.

황토(흙)집

황토(흙)로 벽을 쌓는다

흙벽을 만드는 전통적인 방법은 두 가지가 있다. 첫째는 철근 콘크리트의 거푸집처럼 두꺼운 널빤지로 틀을 만든 후 거기에 반죽된 흙을 차곡차곡 다져 넣은 후, 어느 정도 굳어지면 틀을 제거하는 '다짐 흙벽'이 있다. 그러나 요즈음은 거푸집을 대고 하는 작업이 복잡하여 반죽된 흙을 그대로 쌓아 올리는 방법을 사용한다. 이때 흙벽의 강도를 보완하기 위해 중간에 벽체두께 길이의 통나무 토막을 함께 쌓기도 한다.

둘째는 일정한 크기의 흙벽돌을 차곡차곡 쌓아 흙벽을 만드는 방법이다. 이때 사용되는 흙벽돌을 만드는 전통적인 방법으로는, 물에 반죽한 흙을 메주를 만들듯이 일정한 틀에 다져넣어 형태를 갖춘 후 건조시키는 습식이다. 전통적인 습식은 흙을 반죽할 때뿐만 아니라 흙벽돌을 건조시키는 과정에서 많은 시간과 인력, 공간이 필요하다. 어려운 전통적인 제작 과정을 거치지 않고도, 근래에는 기계를 사용하여 짧은 시간에 대량 생산이 가능하게 되었다. 반죽되지 않은 흙 그대로 일정한 틀에 넣은 후 프레스 등과 같은 기계를 사용하여 강한 압력을 가해 찍어 내는 것으로, 많은 물을 사용하는 반죽과정을 거치지 않는다하여 건식이라 한다.

건식은 습식에 비교하여 제작 시간이 짧아 대량 생산이 가능하여 근래에는 시중에서 쉽게 구할 수가 있다. 사용용도에 따라 내부용 외부용으로 구분되어 생산되기도 한다. 또한 강한 압력으로 제작되어, 습식에 비교하여 강도가 크고, 비와 같은 외부 수분에 대해서도 내구력이 많이 좋아졌다.

흙 반죽과 통나무 토막으로 쌓아 올린 흙집

통나무 기둥과 보사이의 건식 흙벽돌

웰빙 흙집에도 단점은 있다

앞장에서 보았듯이, 흙을 벽체로 사용했을 때 직접적인 가열이 어려워 원적외선은 얻을 수 없으나 공기정화능력이나 습도 조절력에서는 더 할 나위 없는 훌륭한 건축재이다. 또한 외관상으로도 가장 토속적이고 흙이 주는 친근감은 다른 건축재가 따라 올 수 없다. 그러나 이런 훌륭한 자재도 구조적인 내구성이나 관리 측면에서는 취약한 부분이 있다. 생산성이나 강도가 개선된 건식흙벽돌은 잠시 접어두고 다짐 흙벽, 습식흙벽돌이 가진 문제점을 보자.

흙이 아무리 결합력이 크다 해도 시멘트에는 훨씬 미치지 못한다. 흙의 결합력을 보강하기 위해 반죽을 할 때 짧게 자른 짚이나 마닐라 로프 풀어헤친 것 등을 함께 섞기도 하여 균열 방지에는 다소의 도움은 되지만, 구조적인 강도를 크게 하기위한 해결책은 아니다. 그래서 흙으로만 벽체를 쌓아 올리는 경우에는 벽체의 두께가 상대적으로 두꺼워질 수밖에 없다. 두꺼운 벽은 미약하나마 내구력을 높여 줄 뿐만 아니라 덤으로 단열도 좋아지지만 내부 공간의 활용도는 낮아질 수밖에 없다. 흙만으로 벽체를 쌓는 것은 규모가 작을 경우로 제한이 될 수밖에 없고, 주택의 규모가 커질 경우 나무 기둥과 보가 필요하게 된다.

설사 기둥과 보를 사용하였다 하더라도 모든 문제가 해결되는 것은 아니다. 구조적인 문제는 해결되었지만, 나무와 흙은 서로 간에 접착력이 낮고 습기에 따른 수축과 팽창되는 정도가 다르기 때문에 이로

● 흙벽돌을 띄워서 쌓기

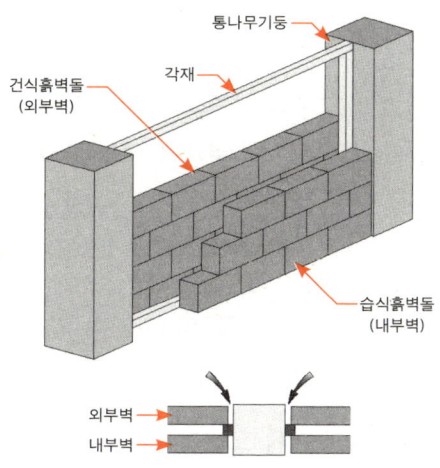

인한 틈새발생이라는 또 다른 문제점이 있다. 여기에 곁들여 기둥으로 사용되는 나무의 굵기에 따라 벽의 두께가 얇아 질 수밖에 없다. 공간 활용도는 비록 좋아졌다하더라도 상대적으로 단열과 흙벽 자체의 내구성이 다소 약해질 수밖에 없다.

  흙벽돌의 구조적 단점을 보강하기 위해 통나무 기둥과 보를 사용할 때 외부는 건식흙벽돌을 사용하고 내부는 습식흙벽돌을 사용하는 이중벽도 한 방법이 될 수 있다. 건식과 습식을 사용한 이중벽은 내부에는 습식흙벽돌의 장점을 살리면서 외부는 건식흙벽돌의 비에 강한 장점을 이용할 수 있을 것이다. 이때 이중벽 사이에는 공간을 두고, 공간 두께 정도의 각재를 통나무 기둥과 보에 고정시키면 흙벽돌과 기둥 사이에 틈이 생겨도 각재가 바람막이 역할을 하게 된다(그림 참조).

이 경우 외부벽이나 내부벽을 쌓을 때, 각각의 흙벽돌 위아래와 좌우에는 틈이 없게 몰탈로 채워야 한다. 외부벽과 내부벽이 밀폐가 잘 되어 있으면 이중벽 사이의 공간은 단열재 역할을 하므로 전체적인 단열 효과가 상당히 좋아지지만, 외부벽이나 내부벽에 균열 등으로 틈이 발생하면 공기의 흐름이 생기게 되어 오히려 단열 효과가 나빠지게 된다.

흙벽은 비와는 상극이다. 흙은 다량의 수분이 공급되면 결합력이 거의 사라지는데, 비에 노출된 부분은 쉽게 허물어질 수밖에 없다. 특히 벽체의 아랫부분은 쉽게 비에 노출되는데, 관리가 소홀하여 허물어질 경우에는 보수가 거의 불가능하다. 빗물에 노출되는 부분을 줄이기 위해 처마를 길게 하던지, 낙숫물이 튈 수 있는 부분은 돌 등으로 마감하는 것이 좋다.

흙의 결합력은 이와 같은 구조적인 문제뿐만 아니라, 시공 후 유지보수에도 지속적인 관리가 필수적이다. 흙은 건조과정에서 표면과 내부와의 건조 시간이 다르고 이로 인해 표면의 균열은 피할 수 없다. 이로 인해 부스러지기가 쉽고, 나무와의 접합 부분에 틈새가 생기므로 지속적인 관리가 필요하다. 전통적인 방법으로는 접착 성분이 있는 해초를 삶은 물이나 곡류를 이용한 천연 풀을 섞은 고운 흙반죽으로 마감을 하지만 영구적이지는 못하다. 근래에는 균열을 방지할 뿐만 아니라, 비와 같은 물에도 강한 황토몰탈이 많이 개발되어 문제의 해결책이 되고 있다. 그러나 일부의 제품에 한해서는 균열 방지의 목적으로 첨가된 원료의 성분이 흙의 특성에 반하지는 않는지 확인이 필요하다.

봄에는 흙을 파서, 가을에는 집을 짓자

흙벽주택에서 가장 중요한 것은 흙을 반죽하는 공정이다. 반죽은 흙 속에 과도하게 포함되어 있는 공기를 빼내는 작업으로, 이때 짧게 자른 짚 등을 섞어 흙의 결합력을 보강하기도 한다. 여기에 많은 인력이 소모되어 요즈음은 포크레인을 주로 사용한다. 반죽이 끝난 흙은 바로 사용하지 않고, 마르지 않게 잘 덮은 후 하루 정도의 숙성단계를 거쳐야 한다. 숙성은 반죽된 흙속의 수분을 고루 퍼지게 하고, 반죽할 때 남아있는 공기가 빠져 나가게 하여 결합력을 보다 좋게 하는 것이다. 잘 숙성된 흙으로 흙벽돌 또는 흙벽이 만들어지면 반드시 충분한 건조가 되어야 한다. 콘크리트에 비해 건조기간이 상당히 길기 때문에 늦어도 초가을까지는 흙벽 작업을 마치는 것이 좋다. 완전히 건조하지 않은 채 겨울이 되면 흙 속의 수분이 얼어버리게 된다. 얼었던 부분은 녹으면서 결합력이 약해져 쉽게 으스러진다.

과거에 집을 지을 때는, 이른 봄에 흙을 채취해서 가을이면 모든 흙 작업을 끝나게 하였다. 가을에 흙을 채취하여 추운 겨울을 나게 되면, 흙이 쉬어 인체에 좋지 않다 하였다. 건조되지 않은 상태로 겨울이 되면 흙속 습기가 쉽게 얼게 되고, 이는 온도에 민감한 흙속의 미생물에도 큰 영향을 미치게 되는 것이다. '가을 흙으로 지은 집에서 자고나면

병이 생긴다'는 선인들의 말을 무시할 수 없는 것이다.

건식흙벽돌에 대한 개인적인 생각

옛날 성벽은 돌을 쌓는 경우가 대부분인데, 돌을 구하기 어려운 경우에는 흙을 사용하기도 했다. 이럴 경우 일정한 두께로 흙을 한단씩 쌓은 후 단단히 다지게 되면, 흙 속의 공기가 제거되어 수분 침투가 어렵게 된다. 매우 단단히 다진 흙은 돌처럼 강도가 클 뿐만 아니라, 겨울이 되어도 흙속에 수분이 없어 결빙에 의한 부피 팽창이 없으므로 균열이 없어 내구성 또한 좋아지게 된다. 이처럼 제대로 된 토성은 현대의 콘크리트 구조물과 거의 동등한 강도를 가질 뿐만 아니라, 시간이 지날수록 화학적 반응으로 중성화되어 결합력이 떨어지는 콘크리트에 비해 내구력은 월등히 좋다. 그래서 수천 년이 지난 토성이 현재에도 건재한 것이다.

현대의 기계를 사용하여 강한 압력을 가해 일정한 크기로 만든 것이 건식흙벽돌이다. 생산성이나 강도 그리고 균일한 크기에 의한 시공성 등의 측면에서 보면 건식흙벽돌은 재래의 습식보다는 확실히 우수하다. 또한 시멘트벽돌이나 콘크리트와 비교해도 강도가 거의 동등하다고 할 수 있으며, 내구성은 오히려 월등하다고 할 수 있다. 여기에 흙이라는 재료의 질감이 주는 부드러운 느낌은 시멘트벽돌과는 비교가 되지 않는다. 이처럼 강도나 내구력이 우수한 건식흙벽돌이 웰빙 건축재로서의 흙의 또 다른 장점을 그대로 유지하고 있다면 더 말할 나위 없지만 압력을 가하는 과정에서 흙의 성질이 변할 수밖에 없다.

일부의 건식흙벽돌은 강도 보강과 빗물에 보다 강하게 견디게 하기 위해 생석회와 같은 첨가제를 사용한다. 이때 사용되는 첨가제 대부분은 물과 반응하여 굳는 과정에서 고온의 열을 발생하게 된다. 열은 흙속 미생물의 생존과 미생물 활동에 의한 효소 생성에도 영향을 주게 되어 흙에서 얻을 수 있었던 살균이나 공기정화 능력을 상실하게 된다.

비록 별도의 첨가제를 사용하지 않더라도, 대부분의 건식흙벽돌은 제작과정에서 기계에 의해 강한 압력을 받게 된다. 이때 받은 강한 압력은 흙 입자들 사이의 공간을 물리적으로 좁히면서 강한 결합력을 갖게 한다. 따라서 흙은 조직이 치밀해져 돌과 가까운 물리적 특성을 갖게 된다. 흙의 조직이 치밀해졌다는 것은 흙속 미세한 공간이 사라졌다는 뜻이다. 돌에 가까운 강도를 얻을 수는 있게 되었지만, 흙의 최대 장점인 미세한 공간에 의한 단열과 습도 조절력과 같은 특성은 잃게 된다. 또한 미생물의 생존에도 많은 영향을 줄 것은 자명한 사실이다.

흙벽돌이 습식이든 건식이든 벽체에 사용되면 별도의 방법으로 가열을 하지 않는 한 원적외선의 효과는 기대하기 힘들다. 게다가 건식 흙벽돌은 재료는 흙이지만 성질은 거의 돌에 가까워 습도 조절력, 단열성, 공기정화 능력 등과 같은 흙의 성질은 거의 소멸되었다고 생각된다. 건식흙벽돌을 사용한 경우, 엄밀한 의미에서 과연 '흙집'이라 할 수 있을까? 어쨌든 흙을 사용하였으니 흙벽돌이기는 하다.

한옥

영원한 고향집, 한옥

벽체의 재질만 본다면 한옥을 흙집이라 할 수 있지만, 대개 한옥이라 하면 목재의 기둥과 보로 뼈대를 이루고 지붕에 기와를 얹은 기와집을 연상하게 된다. 전통적인 한옥은 다짐 흙벽이나 흙벽돌이 아닌 다른 방법으로 흙벽을 만든다. 기둥과 기둥 사이에 흔히 '외'라 부르는 것으로 가로 세로로 나뭇가지 등으로 얽은 후, 여기에 안팎으로 흙을 붙이는 방법을 사용한다. 근래에는 작업성과 사후 관리를 고려하여 대개 흙벽돌을 쌓는 경우가 많다.

한옥의 뼈대가 되는 기둥과 보는 서로 정교하게 맞물려 있어 구조적으로 대단히 안정적이다. 게다가 목재가 갖는 탄력성 때문에 지진에도 강하다. 아름다운 곡선을 이루는 지붕은 그 형태로서도 우아함의 극치를 이룰 뿐만 아니라 기능면에서도 길게 뻗어 나온 처마가 기둥을 눈비로부터 보호하는 역할을 하므로 거의 반영구적인 수명을 갖는다.

다음 그림 중 한옥의 기둥 결합은 가장 단순한 구조일 때의 모습이다. 여기에 보와 도리가 올려 지는데, 경우에 따라 주두, 익공(보아지의

현대식 한옥주택

● 한옥의 기둥결합 (가장 단순한 구조일 때)과 수공식 통나무 기둥결합

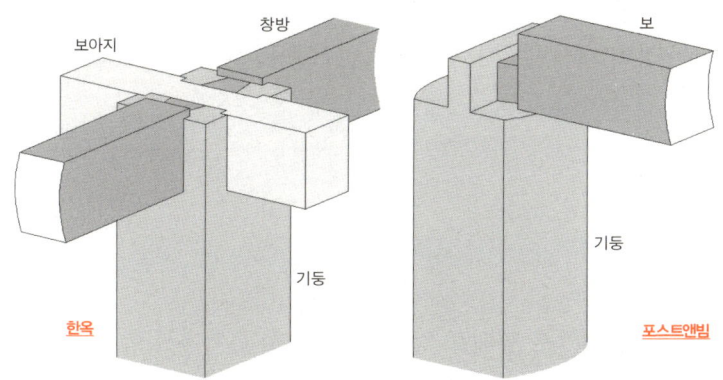

변형), 장여 등등이 아주 복잡한 형태로 추가가 되기도 한다. 이에 반해 수공식 통나무의 포스트앤빔의 경우 앞 그림이 일반적인 형태로, 그림의 상태에서 도리만 올라가면 된다. 이처럼 장부 가공이나 목재를 가공하는데 있어서 수작업에 대한 의존도가 매우 높기 때문에 인건비가 만만치 않다. 다양한 전동공구의 사용으로 작업 시간을 많이 줄일 수 있게 되었지만, 건축비 부담이 큰 것은 사실이다. 또한 사용하는 목재의 길이로 인해 내부구조가 제한적이다. 따라서 현대적인 생활 방식을 완전히 충족하기에는 다소 부족한 점이 있다. 대개의 경우 단열이 잘 되어 겨울에 따뜻한 집은 여름에는 시원하다. 그러나 한옥은 여름 직사광선에 의한 열기는 지붕에서 충분히 차단하므로 시원한 반면, 벽체의 단열이 겨울 추위를 차단하기에는 다소 미진하다. 그럼에도 불구하고 한옥이 갖는 전통적인 건축미와 정서적인 안정감은 이런 단점을 극복하고도 남음이 있다. 또한 근래의 보다 나은 시공방법으로 한옥의 단점이 많이 개선되어지고 있어 접근이 한결 좋아졌다.

귀틀집

통나무를 우물 정#자 형태로 쌓은 벽체 위에 주위에서 쉽게 구할 수 있었던 너와나 굴피 등으로 지붕을 얹은 형태로, 지역에 따라 방틀집, 토막집 등으로 불린다. 통나무는 주변에서 쉽게 구할 수 있는 것으로,

운반과 조립이 대부분 수작업에 의존하였으므로 굵은 것은 사용하기가 힘들었다. 단과 단 사이의 빈틈은 흙으로 막았다. 나무만 있으면 정교한 기술을 필요로 하지 않아 어떻게 보면 원시적인 가옥형태로 볼 수 있다. 산간 지방의 화전민에 의해 명맥을 이어 오다가 요즈음은 주거가 목적이 아닌 펜션이나 카페 등의 상업적인 용도로 사용되며, 기계로 운반 조립을 할 수 있어 벽체에 사용되는 나무도 굵은 것이 가능해졌다. 작업이 비교적 쉬우면서도 구조적으로도 대단히 안정적이며 수명도 길다. 그러나 수평으로 쌓은 나무들이 건조과정에서 수축이 되어 문틀과 창틀의 변형을 초래하므로 이에 대한 기술적인 대비책이 필요하다. 또한 나무와 흙의 접착이 용이하지 않으며, 통나무가 수축되어가는 과정에서 둥근 통나무 사이에 채워진 흙의 균열이 많아 유지 보수가 매우 어렵다. 내부구조가 매우 제한적이고, 규모가 크게 되면 상당히 까다로운 시공이 된다.

통나무주택

통나무주택의 종류

통나무주택은 벽체의 조립 방법에 따라 크게 두 가지로 나눈다. 기둥과 보, 도리 등 뼈대를 통나무로 하고 기둥과 기둥 사이의 벽체는 목구조주택처럼 마감한 포스트앤빔Post & Beam과 벽체 전체를 통나무를 차

수공식 통나무주택(콤비네이션)

● 통나무주택 벽체 형태

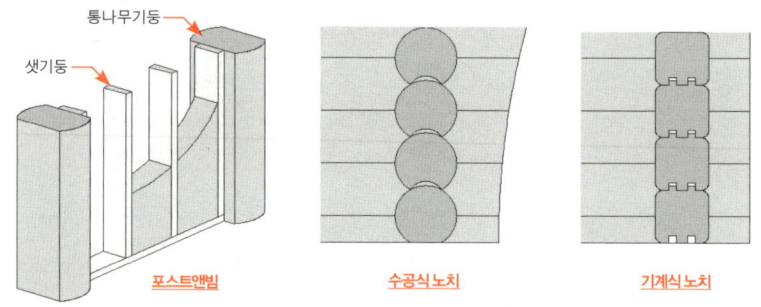

포스트앤빔   수공식 노치   기계식 노치

레대로 빈틈이 없이 쌓아 그 위에 지붕을 얹은 노치Notch로 크게 나눌 수 있다. 노치는 원목의 가공 방법에 따라 기계식(핀란드식)과 수공식(캐나다식)으로 나누기도 한다.

수공식 노치주택의 벽체제작 모습

　기계식은 공장에서 기계를 사용하여 원목을 일정한 크기와 형태로 가공하는 것이며, 수공식은 엔진톱이나 전기대패 등의 수공구로 원목을 가공하는 방법이다. 포스트앤빔은 대개 수공식으로 이루어진다. 기계식은 가공된 통나무의 굵기와 모양이 일정하며 표면이 매끈하다. 이에 비하여 수공식은 통나무에 최소한의 가공을 하였으므로 굵기, 모양이 각각이며, 마감 후에도 통나무의 표면이 거친 편이다.

　이외에도 벽체의 일정 높이를 노치로 하고 나머지를 포스트앤빔을 사용한 콤비네이션Combination과, 포스트앤빔에서 두 기둥사이의 일부분을 통나무 조각으로 쌓는 피스앤피스Piece & Piece의 방법도 있다.

통나무주택의 장단점

초창기 통나무주택은 별장이나 전원주택에 기계식(핀란드식)이 대중을 이루었으나, 근래에는 수공식이나 목구조주택에 다소 밀리는 감이 있다. 수공식(캐나다식)은 일일이 수작업으로 원목을 가공해야하고, 가공 기술도 다소 숙련을 필요로 하는 특성상 기존의 건축업체가 직접 시공·관리하기에는 부적합한 면이 있었다. 따라서 도입 초창기에는 동호인 형태로 건축주가 직접 시공하는 경우가 많았으나 현재는 통나무 가공 기술에 대한 교육 단체가 많이 생기고, 가공 기술이 보편화되어 통나무 전문 시공업체도 많아졌다. 무엇보다 건식 공법이므로 계절의 영향을 많이 받지 않아 동절기에도 시공이 가능하다는 장점이 있다. 건축 수명은 관리에 따라 차이가 있을 수 있으나 거의 반영구적(백년이상)이다. 구조적으로도 안정되고 지진에도 매우 강하다. 통나무의 열전도율이 낮아 단열 효과가 매우 우수하며, 습도 조절능력이 있어 여름 장마철에도 쾌적감을 주며 겨울에도 결로가 없다. 통나무의 부드러운 질감과 색상은 정신적인 안정감을 주며, 상온에서도 통나무에서 발생하는 원적외선은 인체의 건강에 도움을 준다.

그러나 내부의 평면 구조가 타 건축물에 비해 상당히 제한적이어서 공간 활용도가 낮은 편이다. 시공 중 설계 변경 또한 그리 용이하지 못하고, 시공 후에는 수정이 매우 어렵다. 건축비용은 목구조주택보다 비싸며, 노치 형태가 가장 비싸다. 준공 후 2~3년 정도는 통나무가 급격히 수축하는 시기이므로, 통나무와 통나무 사이의 틈새 발생 여부,

습기에 노출된 부위는 수시로 점검해야 한다. 통나무의 외부는 2~3년에 한 번씩 목재용 도료를 칠해 줄 필요가 있다.

통나무는 화재에 강하다?

일부에서는 원목 상태의 통나무는 화재에 매우 강하다고 표현한다. 그러나 통나무가 화재에 강하다는 것은 다소 무리가 있다. 그보다 원목 상태의 통나무는 불붙기가 쉽지 않고, 화재가 발생해도 유해가스의 발생량이 적다고 말하는 것이 바른 표현이다. 물론 얇게 제재된 목재는 쉽게 불이 붙는다. 우리가 야외 생활에서 통나무로 모닥불을 피울 때를 생각해보라. 바로 굵은 통나무에 불을 피우기란 상당히 힘이 든다. 이는 처음 통나무에 불을 지피면 표면에 숯과 같은 산화막이 형성되어 착화를 방해한다. 따라서 건축에 사용되는 직경 30㎝이상의 통나무에 불이 붙기란 상당히 어렵다. 그러나 불이 붙기 힘든 통나무도 일단 불이 붙은 후에는 불이 쉽게 번질 뿐만 아니라, 화재 진압 역시 만만치 않다. 더구나 습기가 차단되어 잘 건조된 상태의 통나무는 더 말할 나위가 없을 것이다.

포스트앤빔 형태의 수공식 통나무

기둥과 보로 기본 골격을 형성한다는 점에서 보면 외관상 한옥과 매우 유사하다. 그러나 기둥과 보의 결합 방법에 있어서는 한옥과 현저한 차이가 있다. 포스트앤빔은 보가 길이 방향으로의 연결을 최소화하기 위해 가능한 한 긴 자재를 사용하고, 기둥의 상부에 얹혀지는 구조

수공식 통나무 주택(포스트앤빔 Post & Beam)

이다. 그러나 한옥의 보는 일정 길이 이하의 짧은 자재를 이용하여 기둥과 복잡한 형태로 짜 맞추어 결합시키는 구조다. 따라서 한옥은 상대적으로 많은 장부를 가공해야하며 정밀 가공을 요하여 시공비가 비싼 반면, 뼈대만으로도 안정된 구조가 된다. 이에 비해 포스트앤빔은 상대적으로 구조가 단순하여 시공비가 적지만, 기둥과 보만으로 골격을 이룬 상태에서는 좌우로의 흔들림이 있다. 기둥과 기둥 사이의 빈 공간은 목구조주택과 같은 벽체 마감이 형성되어야만 횡으로도 안정이 된다. 목구조가 아닌 흙벽돌로 기둥 사이를 채울 경우 횡으로의 흔들림 방지에는 다소 무리가 있다.

완공 후에도 통나무 기둥의 건조과정에서 수축과 뒤틀림이 발생하므로 기둥과 벽체 사이에 틈새 발생은 어쩔 수 없다. 근래에는 이런 틈새 발생에 대처하는 벽체 시공 방법이 시도는 되고 있으나 내부와 외부의 벽면 마감 방법은 상당히 제한적이다.

노치 형태의 수공식 통나무

통나무로 한단씩 쌓아 벽체를 만드는 점에서는 귀틀집과 유사하다. 귀

귀틀집

수공식 노치

수공식 통나무 주택(노치 Notch)

틀집은 단과 단사이의 빈틈을 흙으로 채우지만, 노치는 단사이의 통나무가 서로 빈틈이 없게 쌓는 점이 다르다. 따라서 귀틀집은 특별한 기술을 필요로 하지 않는 반면, 수공식 노치는 상당히 섬세하고 노련한 가공 기술을 필요로 한다. 세밀한 작업으로 시공시간이 길 수 밖에 없고, 전기 콘센트와 스위치를 위한 배관 작업이 매우 까다롭다.

구조적으로 가장 안정된 주택 형태다. 수공식 노치의 경우 한옥에 비해서는 건축비가 적지만 다른 형태의 통나무주택에 비해 건축비 부담이 가장 크다. 통나무를 눕혀서 쌓은 관계로 건조가 되면 통나무의 부피가 줄어들게 되어, 벽체의 높이가 낮아진다. 창이나 문틀을 설치할 때는 이를 감안한 시공이 필수적이고, 적어도 2~3년은 지속적인 관리가 있어야 한다. 건조과정에서 통나무의 부피가 줄어들 뿐만 아니라 뒤틀림도 발생하여 단 사이에 틈새가 발생하는 것은 어쩔 수 없는 현상이다.

목구조주택, 스틸하우스

벽체에 목재 구조재(건물을 지탱하고 여러 방향의 힘을 받쳐 주거나 분산시켜 전달하는 역할을 하는 기초, 기둥, 벽, 바닥 등과 같은 것을 구조체라 하며, 그 구조체의 재료로 사용되는 것을 구조재라 한다)를 일정한 간격으로 샛기둥을 만든 후, 샛기둥 사이에 단열재를 채우고 합판 등으로 양면을

목구조주택: 미국과 유럽 등의 일반주택용으로 주로 시공된다.

목구조주택의 벽체와 지붕 골조 시공 모습

마감한 것이 목구조주택이다. 지붕도 벽체와 유사한 구조를 이룬다.

샛기둥용 구조재를 두께 1mm정도의 아연도금된 C형강을 사용한 것이 스틸하우스 Steel Framed House 이다.

유럽이나 미국, 캐나다, 호주 등에서 일반 주택용으로 많이 시공 되고 있다. 구조적으로 안정적이고 시공이 쉬우면서 다양한 형태를 구현할 수 있어, 최근에는 국내에서도 쉽게 목구조주택을 접할 수 있다.

목구조주택과 스틸하우스의 장단점

대부분의 건축 자재가 수입이어서, 환율이나 수입 조건에 따라 자재비의 변동이 심하다. 건축비용은 콘크리트 주택보다 비싼 편이며, 목재보다 스틸이 재료비가 다소 안정적이어서 스틸 하우스가 목구조 주택보다 건축비가 조금 저렴하다.

시공 기간이 비교적 짧고 시공 중 설계변경도 용이한 편이며, 시공 후에도 부분적인 수정 및 보수가 용이하다. 건식 공법이므로 기초공사가 되어 있는 상태라면 동절기에도 시공이 가능하다. 시공이 용이하면서도 내구성이 좋아 건축 수명은 목구조주택 약 80년 이상, 스틸하우스 약 100년 이상이다. 특히 지진에 대해 강한 편이다. 또한 완공 후에도 특별히 주의를 기울여야 할 부분이 없어 보수나 유지 관리가 매우 용이하다.

벽체 두께가 얇아 타 건축물에 비해 내부 공간의 활용도가 높다. 얇은 벽체 임에도 단열효과가 매우 양호하여, 냉·난방비의 부담이 적다.

스틸하우스보다 목구조주택이 단열면에서는 조금 우세하다. 밀폐성이 매우 좋고 습기에도 강한 편이어서 장마철에도 내부가 쾌적하다. 외부 소음에 대한 차음성이 매우 좋다.

목구조주택이나 스틸하우스에 사용하는 단열재는 대개 유리섬유 Glass Wool를 사용하는데, 이는 요즈음 문제가 되고 있는 석면과는 전혀 다른 것이다. 석면은 비산된 작은 입자가 인체에 흡입되면 몸 밖으로 배출이 되지 않고 각종 암의 원인이 된다. 유리섬유는 호흡기를 통해 흡입이 되어도 인체에 쉽게 용해되어 단기간에 배출이 되어 몸속에 축적이 되지 않는다. 작업 중에 간혹 민감한 사람에게는 일시적으로 알레르기반응이 나타나기도 하지만, 현재는 인체에 무해하다고 공인되어 있다. 유리 섬유는 불이 붙지 않으며, 화재가 발생해도 유독가스가 발생하지 않는다. 가격이 비교적 저렴하고 시공이 용이하며, 단열 효과도 스티로폼에 비해 월등히 좋다. 현재의 단열재로서는 가장 좋다고 볼 수 있다.

목구조주택은 시공이 용이하여 업체 간 경쟁이 치열한 편이고, 건축비도 업체마다 차이가 많다. 수입 원산지에 따라 자재의 품질뿐만 아니라 자재비도 상당한 차이가 있다. 반드시 지켜야할 구조적인 시공 부분이 인건비를 줄일 목적으로 변형이 된다거나, 자재비를 줄일 목적으로 한 단계 아래의 규격으로 대치하는 경우가 있을 수 있으므로 유의해야 한다. 소규모의 주택에서는 감리가 여의치 않고 대개 시공자를 믿는 수밖에 없으므로, 견적을 의뢰 할 때 총공사비도 중요하지만 사용되는 자재의 규격도 살필 필요가 있다.

나에게는 어떤 종류의 집이 좋을까?

앞에서 여러 형태의 주택에 대해 대략 살펴보았지만 한마디로 결론을 내리자면 '완전무결한 집은 없다'. 건축비가 싸면서 내구성이 좋고, 건강에도 유익하며, 유지 관리가 용이한 완벽한 주택은 없다는 것이다.

어떠한 집을 선택할 때 가장 우선적으로 결정되어야 하는 것은 짓고자 하는 집의 용도가 확실해야 한다는 것이다. 병든 몸을 치료하려는 것이 목적이라면 건강에 도움이 되는 형태가 되어야 하며, 노후의 안락한 전원생활이 목적이라면 관리가 용이해야 할 것이고, 펜션처럼 수입이 목적이라면 투자비와 관리비가 적으면서도 누구나 오고 싶은 형태가 되어야 할 것이다.

더불어 준공 후 주택의 유지 보수와 같은 관리적인 면도 반드시 고려해야한다. 대개의 경우 자연 친화적인 주택일수록 준공 후 사후관리에 많은 노력을 기울여야 한다. 주택 관리에 많은 시간과 노력을 기울여야 한다면 여유로워야 할 전원생활에 주택 관리가 커다란 짐이 될 수 있다. 더구나 나이가 들어 건강이나 경제적 여력이 상대적으로 부족한 경우에는 매우 심각한 문제일 수가 있다. 물론 주택관리 자체를 하나의 낙으로 삼을 수 있다면 다행이라 할 수 있다. 난방 방법을 한

예로 들어보자. 재래식 구들난방이 보일러 온수난방에 비해 훨씬 경제적이면서 건강에 좋다는 것은 누구나 알고 있는 사실이다. 장작을 자르고 패는 즐거움과 따뜻한 아랫목에 몸을 눕혔을 때의 아늑함은 체력에 문제가 있거나 나이가 들면 노동의 부담과 번거로움으로 바뀌지 않으리라는 보장은 없다.

   공간의 여유가 있다면 생활의 대부분을 차지하는 본채와 필요시 사용할 별채로 구분하는 것도 한 방법이 될 수 있다. 본채는 규모를 약간 줄이되 관리에 부담이 되지 않는 형태로 하고, 별채는 지속적인 관리가 필요하지만 보다 자연 친화적이면서 규모가 작은 형태로 하는 것이다. 더불어 본채를 먼저 지어 생활하면서 시간적, 경제적 여유를 가지고 별채를 지을 수도 있다. 더구나 별채는 친구, 친지 등의 방문이 있을 경우 본채와 분리되어 사생활의 침범이 없는 공간으로도 활용이 가능하다.

3장

아는 것이 돈이다

주택 건축에 필요한 법률·행정적 용어들의 풀이

지적도 (임야도)
측량 (지적측량地籍測量)
토지(임야)대장과 건축물대장
농지전용
형질변경과 개발행위허가
테라스, 발코니, 베란다
건축물의 면적 계산
용도지역, 농업진흥지역
농촌주택, 농가주택, 농업인주택
용도지역, 농업진흥지역에서의 주택 건축
건축허가와 건축신고
산재보험

조그만 전원주택이라도 지으려다 보면 꽤나 많은 생소한 용어를 접하게 된다. 건축에 관련된 용어가 너무 많으므로 여기서는 단독주택과 직접 관련된 용어로 범위를 제한하여 그 뜻이 무엇인지 알아보자.

지적도 (임야도)

토지의 지번, 지목, 형태 등을 기록한 지도로서, 지적도를 통해 인접한 땅과의 경계나 도로, 하천 등을 확인 할 수 있다. 여기서 '지목'이란 토지를 28종류로 구분하여 표시한 명칭으로, 대표적인 것이 전(밭), 답(논), 대(대지), 도(도로), 천(하천), 구(도랑), 임(임야) 등이다. 다만 임야에 한해서만 임야도에서, 나머지 27종류의 지목에 대해서는 지적도에 표시를 하고 있다. 기존에 등록된 지목을 다른 지목으로 바꾸는 것을 지목변경이라 하는데, 농지나 임야의 지목변경은 원칙적으로 불가능하다. 건축에 의한 지목변경도 농지전용이나 형질변경만으로도 되지 않으며, 건축물이 완공이 되고 준공검사를 거쳐 사용승인이 있어야만 가능하다.

지적도와 임야도는 시·군·구의 민원실이나 인터넷 발급이 가능하며, 지적도를 통해 집을 짓고자 하는 땅의 형태와 지목 그리고 진입도로의 유무를 확인하는 것이다. 실제 도로가 존재하더라도 지적도에 도로가 명시되지 않은 곳은 '맹지'라 하여 건축허가에 제한이 될 수

문서확인번호: 1325-6674-▇▇▇-▇▇▇▇

지적도 등본

발급번호	G2012010458345813001	처리시각	17시 57분 10초	작성자	민원24
토지소재	■■도 ■■군 ■■면 ■■리	지 번	196	축 척	등록:1/1200 출력:1/1200

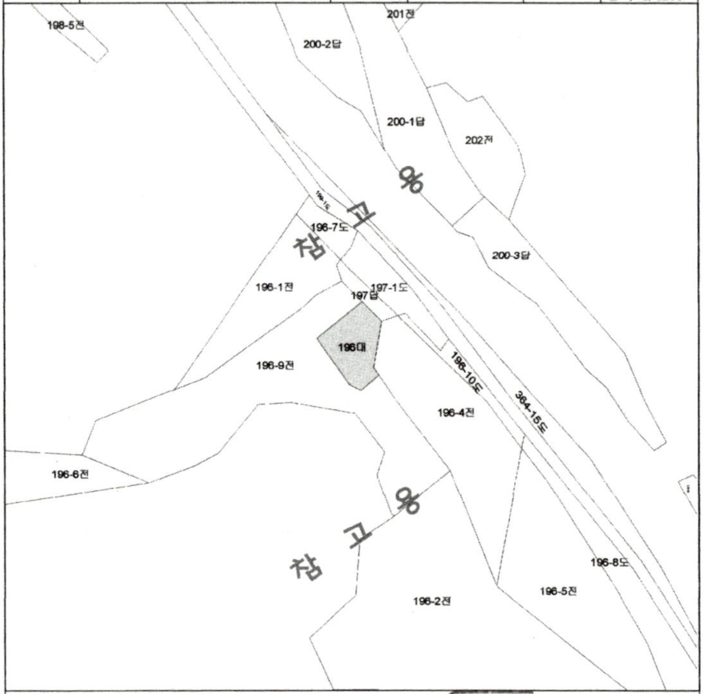

지적도등본에 의하여 작성한 등본입니다.
이 도면등본으로는 지적측량에 사용할 수 없습니다.

2012년 01월 04일

■■ 군 수

◆ 본 증명서는 인터넷으로 발급되었으며, 민원24(minwon.go.kr)의 인터넷발급문서진위확인 메뉴를 통해 위·변조 여부를 확인할 수 있습니다.(발급일로부터 90일까지) 또한 문서하단의 바코드로도 진위확인(스캐너용 문서확인프로그램 설치)을 하실 수 있습니다.

지적도

있다.

경우에 따라서는 지적도와 임야도를 동시에 확인해야 할 때가 있는데, 대부분의 경우 발급되는 지적도와 임야도의 축척이 다르기 때문에 불편 할 경우가 많다. 이럴 경우, 시·군·구 민원실 뿐만 아니라 인터넷에서도 발급이 가능한 '토지이용계획확인서'를 확인하는 것도 한 방법이 될 수 있다. 토지이용계획확인서는 크기는 작지만 지적도와 임야도가 함께 표시될 뿐만 아니라, '용도지역'과 면적이 함께 표시되어 편리한 점이 있다.

측량 (지적측량 地籍測量)

넓은 의미의 측량이란 어떤 부분의 위치나 모양을 측정하여 그림으로 표시하는 기술적인 작업이지만, 토지의 위치와 모양을 지적도에 등록하거나 지적도에 등록된 경계점을 토지에 표시하는 지적측량을 줄여서 측량이라 한다. 일반적으로 행하는 측량은 목적에 따라 경계복원측량, 지적현황측량, 분할측량이 있다.

경계복원측량 (경계측량)

지적도에 등록된 경계점을 땅위에 표시하기위해 하는 측량이다. 인접한 토지와의 경계를 표시하거나, 건축 시 시설물의 위치와 범위를 결정하기 위해 필요하다.

지적현황측량 (현황측량)

지상의 구조물과 지형 등의 현황과 위치를 지적도의 경계와 비교하기 위하여, 지적도에 그 위치와 상태를 표시하기 위한 측량이다. 지적도에는 토지와 도로의 경계선이 평면적으로 표시되어 있을 뿐만 아니라, 지적도에 표시된 하천이나 도로 등은 위치나 형태가 실제 현황과 일치하지 않는 경우도 적지 않다. 현황측량을 통하여 현재의 도로나 석축과 같은 시설물 등이 지적도에 표시된 경계와 비교할 수 있으며, 절토나 성토와 같은 토목설계가 가능하다.

분할측량

지적도에 등록된 한 필지의 토지를 두 필지이상으로 나눌 경우에 실시하는 측량이다. 분할을 하는 경우에 두 가지의 방법이 있다. 첫째가 지적도에 바로 분할경계를 정한 후 이를 경계측량처럼 땅위에 표시하는 방법이다. 둘째는 실제 땅위에 분할경계를 정한 후 이를 현황측량처럼 지적도에 표시하는 방법이다.

측량성과도 (성과도)

측량이 끝난 후, 지적도의 사본에 측량 내용을 표시한 것이다. 경계측량은 땅위에 직접 표시를 하였으므로 성과도가 큰 의미가 없다. 그러

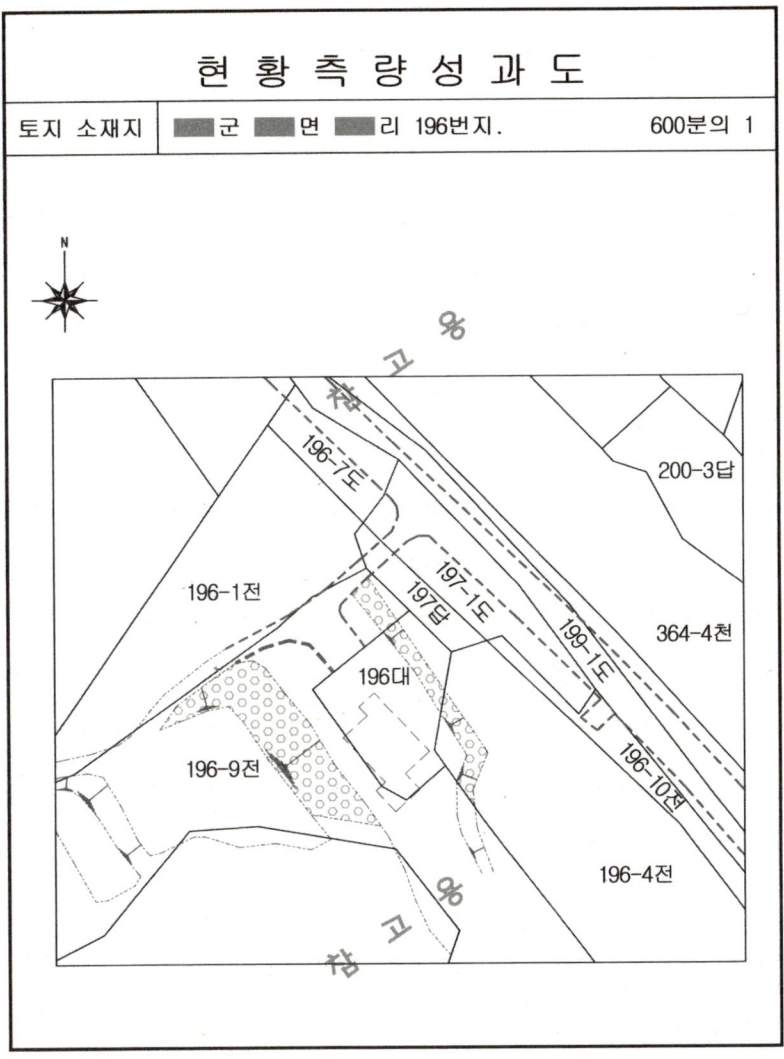

현황측량 성과도

나 현황측량의 경우는 측량 내용이 그대로 성과도에 표시되므로, 실제 현황과 지적도와의 비교가 매우 용이하다.

측량 업무 – 지적공사, 토목측량설계사무실

농지전용허가, 개발행위허가, 준공검사와 같이 주택의 건축과 관련하여 여러 번의 측량이 필요하다. 이런 측량을 담당하는 곳이 지적공사와 토목측량설계사무실(이하 측량사무실)이다.

경계측량이나 분할측량을 하여 땅위에 경계점을 표시해야할 경우에는 지적공사에서 실시한 측량이 법적인 효력이 있다. 그러나 측량을 할 때마다 경계점의 위치가 다를 수가 있어 이웃과의 문제가 발생하기도 한다. 따라서 이웃이 함께 입회하여 경계나 분할측량이 되고 경계점이 표시된다면 추후 문제 발생의 소지가 줄어들 수 있다. 특히 건물을 신축할 경우, 기초공사 전에는 반드시 경계측량이 있어야하며, 지붕 끝선과 같이 건물의 돌출부분이 경계선과는 적어도 50cm이상의 여유를 두어야 한다. 표시된 경계점도 공사 중에 유실이 되는 경우가 허다하므로, 시공 중에는 관리에 보다 유의하여야 한다.

'개발행위허가'에 필요한 토목설계를 위해서는 현황측량이 필요하다. 건축허가(신고)에는 진입로 유무, 생활하수의 배수가능 여부뿐만 아니라 민원 발생의 소지가 있는지를 판단하기 위해 토지의 현황측량을 요구한다. 또한 준공검사에도 시설물의 위치를 확인하기위해 건물의 현황측량을 필요로 한다. 이와 같이 준공까지는 여러 번의 현황측량이 필요하다. 측량사무실은 토목설계와 측량이 가능하고 개발행위 허가업무까지 대행하고 있기 때문에, 측량사무실에 현황측량과 함께 관련되는 업무를 위탁하는 것이 일반적이다.

토지(임야)대장과 건축물대장

토지(임야)대장은 지번에 따라 그 토지의 지목과 면적, 소유주 등 토지의 현황을 기재한 장부이다. 건물의 소재, 종류, 구조, 건평과 소유자

토지대장

등의 건축물 상황을 기재한 장부는 건축물대장이다. 토지대장과 건축물대장은 시군구에서 관리하며 과세의 기본이 되는데 토지와 건물의 '등기부'와는 다르다. 등기부는 법원의 등기소가 관리하는 것으로 소유권의 이전 및 지분 관계, 채권·채무의 권리관계 등이 보다 자세히 명시되어 있다.

건축이 완공되어 사용승인이 나게 되면 지적도의 지목변경 신청을 하게 된다. 건물의 사용승인서가 발부되면 건축물대장이 작성되고, 이와 함께 토지대장에는 지목이 변경되어 표시된다. 이에 반하여 등기부는 소유권을 가진 사람이 등기소에 별도의 등기 등재를 신청해야 한다. 간혹 등기부에는 건물이 없음에도 건축물대장에는 명시되어 있는 경우도 있다.

농지전용

농지 (산지)

'농지법'의 농지는 지목이 밭이나 논인 토지뿐만 아니라, 비록 지목이 밭이나 논이 아니지만 현재 농작물의 경작이나 다년생 식물 재배에 이용되는 토지도 포함된다. 또한 지목이 임야라 하더라도 그 형질을 변경하지 않고 과수나 유실수 등의 재배에 이용되고 있는 토지도 포함한다. 그리고 농지를 개량하거나 관리에 필요한 시설의 부지도 농지 범위에 포함된다. 간단히 말하면 지적도상의 지목과는 전혀 상관없이 현재 경작을 하고 있거나 경작에 관련된 모든 토지를 '농지'라 보면 된다.

산지는 지목이 임야인 토지를 포함하여, 비록 지목이 임야가 아니라 하더라도 나무가 집단으로 자라고 있어 '산지관리법'의 적용을 받는 토지이다. 농지와 별도로 산지는 산림청이 관리 감독을 한다.

농지전용 (산지전용)

농지전용은 말 그대로 농지법상의 농지를 경작이외의 용도로 사용하는 행위를 일컫는다. 비록 개인 소유의 농지라 하더라도 농지전용을 위해서는 해당기관의 허가가 원칙이며, 전용기간도 제한이 되어 있고 원상 복구를 전제로 한다. 다만 건축 등의 건축법에 의한 농지전용은 준공 후 지목이 변경되면서 전용기한이 없게 된다.

지적도에 지목이 대지로 되어 있는 경우에도 농지전용을 필요로 하는 경우가 있다. 현재 경작을 하고 있는 상태이면 비록 지목이 대지이어도 농지법에 의해 농지로 간주되어 전용허가가 필요하다. 그러나 경작이 되고 있지 않는 상태의 '대지'는 농지전용이 필요치 않다. 대지의 면적이 부족하여 추가의 농지가 필요할 경우에는, 추가되는 부분만 농지전용허가를 받으면 된다.

산지전용 역시, 산지를 조림이나 벌채, 임산물 채취 등의 용도 외로 사용하거나 산지의 형질을 변경하는 것을 말한다. 그런데 산지관리법의 적용을 받는 산지는 전용이 매우 제한적이어서, 일반인의 산지전용은 거의 불가능하다 하겠다. 따라서 여기서는 산지전용과 관련한 사항은 배제하기로 한다.

농지보전부담금

농지보전부담금은 농지를 전용함으로써 발생하는 농업 생산량의 감소를 보충하기 위하여, 대체 농지를 조성하거나 기존 농지의 보전 및 관리에 필요한 비용을 부담하도록 하는 것이다.

부담금액은 '개별공시지가의 30%×농지전용면적'이다. 단, 개별공시지가의 30%가 5만 원이 넘을 경우는 5만 원을 상한선으로 한다.

개발부담금(開發負擔金)

토지의 용도변경을 목적으로 한 형질변경 등의 개발행위나 건축을 하여 지목변경이 있게 되면, 일반적으로 땅값이 오르게 된다. 정상적인 땅값상승을 초과하는 부분에 대하여 국가가 개발사업자나 토지소유자에게 초과상승분의 일정액을 징수하는 금액을 개발부담금이라 한다. 도시지역은 $990m^2$(특별시나 광역시는 $660m^2$)이상, 도시지역의 개발제한구역이나 도시지역외의 지역은 $1,650m^2$이상이 되는 토지에 적용한다.

개발부담금은 다음과 같은 방법으로 계산한다.

개발부담금 = (개발이익 - 개발비용) × 25%(부담률)

개발이익 : 개발종료 지가 - 개발시작 지가 - 개발기간의 정상지가 상승분

개발비용 : ① 개발에 사용된 공사비와 제반경비

또는 ② 표준비용 (수도권 57,730원/㎡, 기타지역 40,830원/㎡)

형질변경과 개발행위허가

토지의 '형질변경'은 말 그대로 토지의 모양形이나 질質을 변경하는 행위를 의미한다. 경사진 땅을 파내거나(절토) 돋우고(성토), 평탄하게 하거나 자갈이나 시멘트로 포장 또는 매립하는 등의 행위를 형질변경이라 한다.

'개발행위'란 법률로 정해진 규정이상의 형질변경을 하는 행위를 말함인데, 개발행위를 하기 위해서는 〈국토의계획및이용에관한법률〉에 따라 시장·군수에게 '개발행위허가'를 받아야 한다. 개발행위의 범위

● 절토와 성토

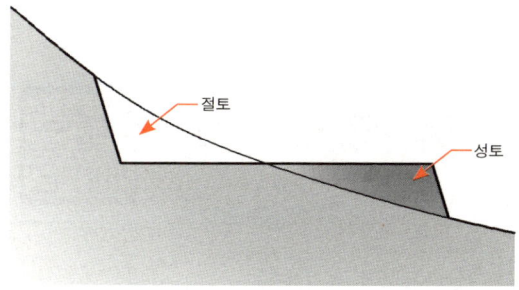

제 2008 - 357 호

개발행위허가증

☐ **수허가자**
　○ 성　　　명 : ▇▇▇▇　○ 주민등록번호 : ▇▇▇▇▇-▇▇▇▇▇▇
　○ 주　　　소 : ▇군 ▇면 ▇리 348번지

☐ **허가사항**
　○ 위　　　치 : ▇도 ▇군 ▇면 ▇리 686번지
　○ 허 가 내 역
　　- 형질변경 면적 : 182㎡
　　- 형질변경 목적 : 단독(일반)주택 부지조성
　○ 허 가 조 건 : "따로 붙임"

　국토의계획및이용에관한법률 제57조제3항의 규정에 의하여 위와 같이 개발행위(토지형질변경)변경 허가증을 교부합니다.

2008 년　9 월　9 일

군

가 광대하므로 여기서는 주택 건축에 관련된 농지에 대한 것으로 범위를 좁힌다.

경작을 위한 객토, 농지전용을 하지 않고 농지의 경사를 평탄하게 하기 위한 형질변경 등, 순수한 경작을 위한 농지개량도 규정이상이 되면 원칙적으로 개발행위허가를 받아야 한다. 따라서 아무리 평탄한 토지라도 건축을 하게 되면 최소한의 평탄 작업이나 자갈 등의 포장이 불가피하게 되므로, 농지전용허가를 필요로 하는 농지는 개발행위허가가 필수적이라 보면 된다. 물론 경작이 되고 있지 않는 대지는 농지전용과 같이 개발행위허가도 필요하지 않다.

주택 건축을 목적으로 개발행위허가를 받은 경우, 허가가 난 후 1년 이내에 건축허가(신고)와 함께 착공이 되어 시공이 진행 중이거나 완료되어야 한다. 부득이 한 경우에 6개월씩 두 차례에 한하여 허가기간을 연장할 수 있다. 대개의 경우 농지전용허가와 개발행위허가가 동시에 이루어지는데, 신청 서류의 작성과 설계도면의 제작 등으로 개인이 직접 하기에는 어려움이 많아 측량사무실에 위탁하게 된다.

여기서 유의해야 할 것은, 농지전용과 함께 개발행위허가가 되었든, 아니면 개발행위허가가 필요치 않은 대지이든, 건축허가(신고)와 함께 착공신고가 되지 않았을 경우에는 건축을 위한 터파기작업 등이 선행되어서는 안된다는 점이다. 절토나 성토 및 평탄작업 등의 형질 변경까지만 가능하다.

테라스, 발코니, 베란다

테라스 (Terrace)

건물내부와 외부 사이의 출입을 용이하게 할 목적으로 주위의 지형보다 높고 평평하게 쌓아올린 비교적 넓은 땅을 말한다. 일반적으로 지붕이 없고 1층의 실내 바닥보다 낮게 하는데, 건물 출입을 쉽게 하기 위해 계단 형태가 되기도 한다. 콘크리트나 타일 등으로 마감하기도하고, 자갈을 깔거나 잔디를 심기도 한다. 출입의 용도가 주된 목적이지만, 면적을 크게 하여 옥외 휴식의 공간으로도 활용된다. 건축물의 면적과는 관계가 없다.

● 베란다와 발코니

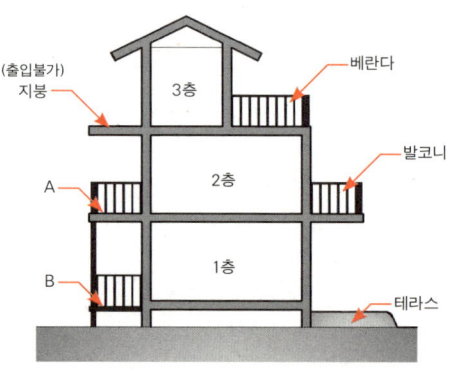

B가 발코니이면 A도 발코니.
B 전부가 1층의 바닥면적에 포함되면 A는 베란다가 된다.

발코니 (Balcony)

건축법에서 말하는 '노대露臺' 중 하나로, 건축물의 외부로 돌출시켜 내부와 외부를 연결하는 공간이다. 아래층이 바닥면적에 해당되지 않는 외벽에 설치되므로, 보통 2층 이상에 설치된다. 지붕의 유무와는 관계가 없으나, 안전과 관련되어 난간이 필요 할 수도 있다. 조망이나 휴식의 공간으로 활용될 뿐만 아니라 건물의 외관을 장식하는 효과도 있다. 요즘은 아파트 같은 건축물에 설치되어 정원의 역할도 한다. 주택에 설치되어 국토해양부장관이 정하는 기준에 적합한 발코니는 '필요에 따라 거실·침실·창고 등의 용도로 사용할 수 있다'고 규정하고 있다. 발코니는 건축면적에 적용이 되고, 1.5m이상 돌출이 되었을 경우 별도의 산술적인 계산에 의해 초과되는 부분은 바닥면적에 포함된다. 발코니와 형태가 같더라도, 내부에서 출입을 할 수 없으면 발코니라 하지 않고 아래층의 지붕이 된다.

노대(露臺)

건물의 외벽에 부착되어 노출된 부분을 말한다. 건축법에서는 발코니, 외부복도, 외부계단 등과 같이 건물외벽에 부착되어 출입이 가능하여 건물의 내부와 연결하는 공간을 말한다.

베란다 (Veranda)

아래층의 지붕을 위층에서 지붕외의 용도로 활용하기 위하여 평평하게 조성된 공간이다. 흔히 말하는 옥상의 한 형태인데 거실 등에서 출입을 하며 발코니처럼 조망이나 휴식의 공간으로 활용되는 경우에 베란다라 부른다. 발코니와 혼용이 되는데, 엄연한 차이가 있다. 아래층 외부벽으로 둘러싸인 공간의 윗부분이 베란다이고, 아래층의 외벽 바깥으로 돌출된 것이 발코니다.

건축면적이나 바닥면적에서 제외되어, 건폐율이나 용적율과도 관계가 없다. 옥상과 같이 베란다에서의 시설물 설치는 건축법에 따라 일정한 용도 외에는 제한이 된다.

데크(Deck)

사전적인 의미로는 건물의 '평지붕'이나, 배의 '갑판'을 뜻한다. 목조주택이 들어오고부터 발코니와 베란다에 목재를 사용하는 경우가 있고, 특히 테라스도 콘크리트나 잔디가 아닌 목재를 사용하는 경우가 많아졌다. 이처럼 목재를 사용하여 마감한 것을 일반적으로 데크라 부른다. 베란다나 발코니의 경우는 데크로 하여도 건축면적에 있어서 별 문제가 되지 않는다. 문제는 1층의 테라스를 데크로 하였을 경우에 해석 여하에 따라 발코니로 간주되어 바닥면적에 포함될 수도 있다. 특히 지표면에서 1.5m보다 높은 1층의 데크는 건축면적에도 포함되는 경우가 있으므로, 설계에 착수할 때 미리 건축설계사무실(이하 건축사무실)과 협의를 하는 것이 좋다.

건축물의 면적 계산

하나의 건축물에 대한 면적을 계산할 때, 두 가지의 서로 다른 방법으로 계산한다. 그 첫째가 '건축면적'이고 다음은 각층의 '바닥면적'이다. 건축면적은 '건폐율' 산정에 필요하고, 각층의 바닥면적을 모두 합한 '연면적'은 등기부와 건축물대장에 표시되어 건물의 크기를 표시하고 과세의 기본이 된다. 또한 '용적율'을 계산하기 위해서는 지하층을 제외한 지상층의 바닥면적을 합한 '연면적'을 사용하고 있다.

건축면적 (建築面積)

각 층을 이루는 바닥의 면적이나 이를 층별로 합산한 연면적과는 의미가 다른 것으로, 건축법에 의해 정의하면 '지표면상의 1m 이하의 부분은 제외하고, 건축물의 외벽(외벽이 없는 경우에는 외곽부분의 기둥)의 중심선으로 둘러싸인 부분의 수평투영면적水平投影面積'을 말한다.

건축물을 위에서 내려다보았을 때 지표면을 차지하는 부분의 면적을 의미하는 것으로, 대개의 경우 건물의 1층을 이루는 바닥이 건축면적이 되며, 중첩되지 않는 발코니나 외부계단과 같은 노대露臺나, 일정 거리 이상 돌출된 지붕의 수평투영면적이 포함된다.

방법은, ① 1층의 외벽 중심선을 수평투영한다. ② 2층 이상은, 1층 외벽 중심선을 벗어난 부분을 수평투영한다. ③ 같은 방법으로 각층의 발코니나 외부계단과 같은 노대를 수평투영한다. 이때 지표면에서

● 건축면적을 얻기 위한 수평투영도

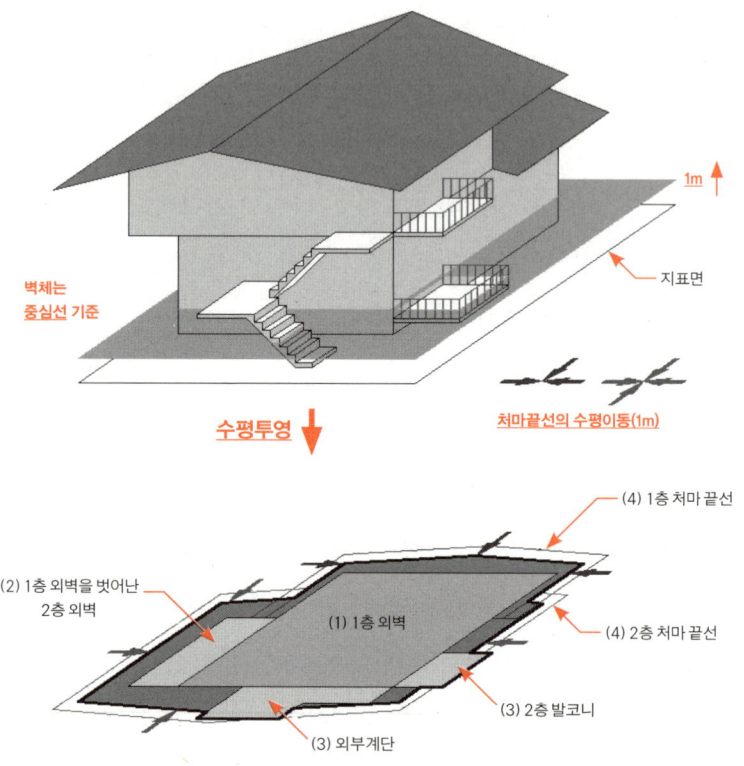

1m이하의 노대 부분은 제외한다. ④마지막으로 외벽의 중심선으로부터 수평거리 1m이상 돌출된 지붕의 처마나 차양 등의 경우에는, 그 끝선을 외벽 쪽으로 수평으로 1m 이동한 후 수평투영한다. 이때 전통 사찰은 4m, 축사는 3m, 한옥은 2m를 적용한다. ⑤ 수평투영한 가장 바깥선의 내부면적을 계산한 것이 건축면적이다.

> **지표면**

건축물이 위치한 토지의 수평면. 토지면에 높이차이가 있는 경우에는 건축물 주위의 토지면 부분의 높이를 수평거리에 따라 가중평균한 수평면을 지표면으로 본다. 단, 높이차가 3m를 넘는 경우, 높이차 3m 이내의 부분마다 그 지표면을 정한다.

건폐율 (建蔽率)

한자말을 그대로 해석하면 건물이 덮어 가리고 있는 비율을 뜻하는 것으로, 건물이 차지하는 면적과 대지면적의 비율을 말한다. 건축법에서는 건축면적의 대지면적에 대한 비율을 건폐율이라고 정의하고, '건축면적 / 대지면적 × 100'으로 계산한다.

건폐율은 건축물의 밀도를 나타내는 지표^{指標} 중의 하나이다. 이는 토지의 이용효과를 판단하는 근거가 되기도 하고, 토지를 계획적으로 관리하기위해 건축을 규제하기위한 지표로도 사용된다.

바닥면적

'건축물의 각 층별로, 건축물의 외벽(외벽이 없는 경우에는 외곽부분의 기둥)의 중심선으로 둘러싸인 부분의 수평투영면적^{水平投影面積}'을 건축법에서 '바닥면적'이라 한다. 대개의 경우 건물의 각 층의 바닥이 그 층의 바닥면적이 된다.

● 노대의 바닥면적 계산

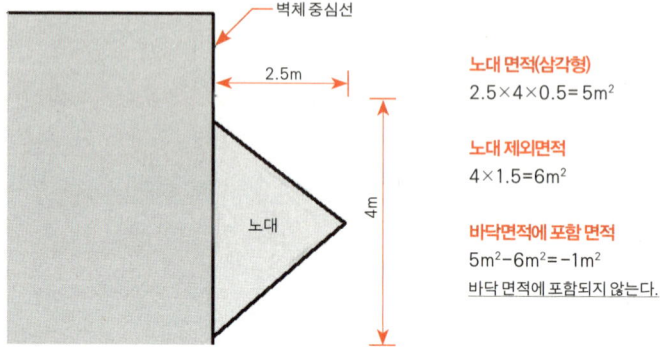

각 층의 발코니나 외부계단과 같은 노대露臺는 수평투영면적에서 외벽에 접한 노대의 길이에 1.5m를 곱한 값을 뺀 면적을 바닥면적에 포함시킨다. 지표면에서 높이가 1m를 넘지 않는 노대의 경우 건축면적에는 제외되지만, 그 층의 바닥면적에는 포함대상이 된다. 물론 계산에 의해 초과되는 면적만큼만 바닥면적에 포함된다.

지붕, 필로티, 계단탑 등은 바닥 면적에서 제외된다. 층고層高가 1.5m(경사지붕인 경우 1.8m)이하의 다락도 바닥면적에서 제외된다. 이 말은 층고가 1.5(1.8)m를 넘는 다락은 바닥면적에 포함이 되므로 사전에 염두에 두어야 한다.

층고(層高)

건축물 층의 높이를 말하는 것으로, 건축법상 층고는 '바닥면에서 위층의 바닥면까지의 높이'를 말하는 것이다.

필로티

건물의 전체나 일부를 지상(地上)에서 기둥으로 들어 올릴 때 만들어지는 벽이 없는 공간이다. 대개의 경우 지상(1층)은 자동차나 사람의 통행을 목적으로 하고, 2층 이상이 주거가 목적이 된다. 건축법에서는 '필로티'나 '필로티와 비슷한 구조(벽면적의 2분의 1 이상이, 바닥면에서 위층의 바닥 아래면까지 공간으로 된 구조)'로서 차량이나 사람의 통행 또는 주차에 전용되는 경우에는 바닥면적에서 제외된다. 그러나 층수에는 포함된다.

● 건축면적과 바닥면적의 비교

	건축면적	바닥면적
기본	층별 구분이 없이 건물 전체의 수평투영 면적	각 층별 수평투영면적
노대(露臺)		각 층별 수평투영면적 – (외벽 접한 길이 × 1.5)
지붕	수평투영하여 외벽 쪽으로 1m 후퇴	제외
제외	지표면에서 높이 1m이하 부분	필로티, 옥탑, 층고 1.5(1.8)m 이하의 다락

연면적(延面積)

하나의 건축물에서 지하층을 포함한 건물 각 층의 바닥면적을 합산한 면적을 말한다. 등기부와 건축물대장에 표시되어 건물의 크기를 표시하고 과세의 기본이 된다. 용적률을 산정할 때에는 층수에 산입되지 않는 지하층의 면적은 제외한다.

용적율 (容積率)

말 그대로 해석하면 땅위에 쌓여 모여 있는 비율을 뜻하는 것으로, 지상 위 건물의 연면적과 대지면적의 비율을 말한다. 지표면 위 건물의 높이를 제한하는 고도제한과는 별개로, 지상위의 건물 층수를 어느 정도 제한하여 주위환경을 보호할 목적으로 사용된다. 용적율은 지하층을 제외한 '지상층의 연면적 / 대지면적 × 100'으로 계산한다.

지역에 따라 건폐율과 용적율의 제한이 있어, 건축물은 그 지역의 정해진 범위 미만으로 이루어져야 한다. 예를 들어 건폐율이 20%, 용적율이 60%인 지역에서 500m^2의 대지에 가능한 건축물은, 건축면적은 100m^2미만이어야 하고, 지상층의 연면적도 300m^2미만이어야 한다.

용도지역, 농업진흥지역

용도지역 (用途地域)

산업의 발달로 국토를 개발해야 할 필요도 있지만, 식량 확보를 위한 농지나 자연환경을 보존해야 할 필요도 있다. 국가가 계획적으로 개발 및 보전을 목적으로, 전국토를 자연조건이나 특성 및 용도에 따라 구분한 것을 용도지역이라 한다. 지역에 따라 건축 등의 개발에 일정한 제한을 가해 난개발을 방지하고, 토지의 합리적이고 적절한 보호 관리가 목적이다.

『국토의 계획 및 이용에 관한 법률』에 의하여 전국토를 크게 4개의 용도지역으로 구분하여 『도시관리계획』으로 지정한다. 모든 국토는 반드시 어느 한 개의 용도지역으로 지정되어 있다.

- 도시지역 : 주거지역, 상업지역, 공업지역, 녹지지역
- 관리지역 : 보전관리지역, 생산관리지역, 계획관리지역
- 농림지역
- 자연환경보전지역

도시지역은 일부는 제한적이지만 개발이 주목적이고, 관리지역은 보전이 목적이지만 제한적인 개발이 가능하다. 농림지역은 식량 확보를 위해, 그리고 자연환경보전지역은 자연환경을 위해 개발이 매우 제한적이고 보전이 목적이다.

용도지구(用途地區)

토지의 이용 및 건축 등의 개발에 대한 용도지역의 제한을 강화하거나 완화하여 용도지역의 기능 증진과 미관·경관·안전 등을 도모하기 위해 필요할 경우 별도로 지정한 지역을 말한다. 용도지역의 종류와 관계없이 도시관리계획에

의해 시도의 조례로 지정한다. 『국토의 계획 및 이용에 관한 법률』에 의해 경관지구, 미관지구, 방화지구, 방재지구, 고도지구, 보존지구, 시설보호지구, 취락지구, 개발진흥지구, 특정용도제한지구로 구분된다.

용도구역(用途區域)

용도지역 및 용도지구의 제한을 강화하거나 완화하여 시가지의 무질서한 확산을 방지하고 토지이용을 계획적이고 종합적으로 조정·관리하기 위하여 도시관리계획으로 결정하는 지역을 말한다. 개발제한구역, 도시자연공원구역, 시가화조정구역, 수자원보호구역 등이 있다.

도시지역(都市地域)

인구와 더불어 산업시설이 밀집되어 있거나 앞으로 밀집이 예상되어, 체계적으로 개발하거나 정비 또는 관리가 필요한 지역이다. 도시지역에서 건폐율과 용적율의 적용이나 건축법의 적용이 매우 다양하고, 도시 바깥에 위치하는 전원주택과는 큰 관련이 없기 때문에 이 책에서는 자세한 언급은 피하려고 한다.

관리지역(管理地域)

도시지역의 인구와 산업을 수용하기 위해서는 도시지역에 준하며, 농임업에 관련된 생산이나 자연환경의 보전을 위해서는 농림지역에 준하는 지역으로, 개발과 보전이 양존하여 체계적 관리가 필요한 지역이다. 토지 상태와 인구 규모에 따르는 개발의 필요성을 감안하여, 시장·군수는 관리지역을 보전관리지역, 생산관리지역, 계획관리지역으로 세분하여 지정한다.

보전관리지역 자연환경이나 산림을 보호하고, 수질오염의 방지와 녹지공간의 확보 및 생태계 보전 등을 위해 보전이 필요한 지역이다. 자연환경보전지역으로 지정하여 관리하기에는 어려운 점이 있어, 일부의 개발에 한정하여 제한을 완화한 지역이다.

생산관리지역 보전관리지역과 같이, 농림지역으로 지정하여 관리하기에는 어려운 점이 있어, 일부의 개발에 한정하여 제한을 완화한 지역이다.

계획관리지역 건축 등의 개발이 비교적 쉬운 지역이다. 그러나 주변의 자연환경을 고려해야하므로, 도시지역보다는 개발에 어느 정도의 제한이 있다.

농림지역 (農林地域)

농림업을 진흥시키기 위한 농지와 산림을 보전하기 위하여 절대적으로 필요한 지역으로, 대개 농지법의 농업진흥지역에 속하는 농지, 낙농지대, 초지조성지구, 단지조성지구 등이 포함된다. 농림지역에서의 개발은 상당히 제한적이며, 『국토의 계획 및 이용에 관한 법률 시행령』의 지정한 범위에서 시 또는 군의 조례에서 구체적으로 정한다.

자연환경보전지역 (自然環境保全地域)

자연환경·생태계·상수원·수자원·해안 및 문화재의 보전과, 수산자원의 보호와 육성을 위하여 절대적인 보호와 관리가 필요한 지역을 말한다. 농림지역처럼 자연환경보전지역에서의 개발은 상당히 제한적이다.

농업진흥지역 (農業振興地域)

농지를 보전하고 효율적으로 이용 관리하기 위해, 용도지역과는 별도로 지방자치단체가 농지법에 근거하여 지정 고시하는 지역이다. 전 국토는 빠짐없이 하나의 용도지역으로 분류되지만, 필요에 따라 용도지역에 추가되어 농업진흥지역으로 지정된다. 예를 들면 농림지역이면서 농업진흥지역이 될 수도 있다.

농업진흥지역으로 지정되면 농업의 발전을 위해 우선적인 투자와 필요한 지원을 받을 수 있지만, 농업생산이나 농지개량에 관련되지 않은 개발행위는 할 수 없다. 지정대상이 되는 용도지역은 특별시를 제외한 녹지지역과 관리지역, 농림지역, 자연환경보전지역이 된다. 농업진흥지역에 지정되면 용도지역의 종류에 관계없이 농업진흥지역에 관련하여 개발의 제한을 받는다. 농업진흥지역은 '농업진흥구역'과 '농업보호구역'으로 구분한다.

농업진흥구역農業振興區域은 농업생산을 목적으로 이용되고 보전하는 지역이다. 대개의 경우 농지조성사업 등으로 상당한 규모의 농지가 집

인쇄 토지이용계획 확인서(열람용)

토지이용계획 확인서(열람용)

토지소재지	지번	지목	면적(㎡)
■■도 ■■군 ■■면 ■■리	283-3	전	2321.0

지역·지구등 지정여부	「국토의 계획 및 이용에 관한 법률」에 따른 지역·지구등	관리지역, 생산관리지역
	다른 법령 등에 따른 지역·지구등	

| 「토지이용규제기본법 시행령」 제9조제4항 각 호에 해당되는 사항 | |

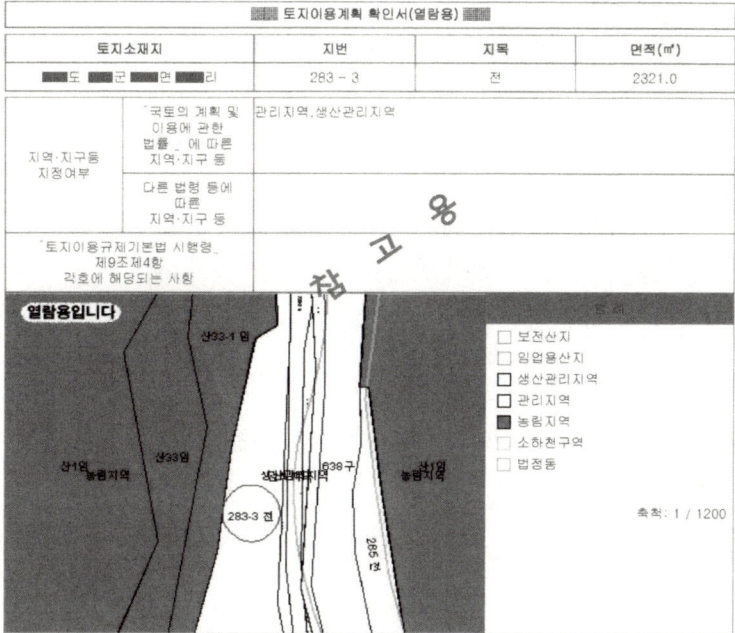

열람용입니다

☐ 보전산지
☐ 임업용산지
☐ 생산관리지역
☐ 관리지역
■ 농림지역
☐ 소하천구역
☐ 법정동

축척: 1 / 1200

※ 본 도면은 "측량, 설계 등"과 그 밖의 목적으로 사용할 수 없는 "참고도면"입니다.

==유의사항==

1. 토지이용계획확인서는 「토지이용규제 기본법」 제5조 각 호에 따른 지역·지구등의 지정 내용과 그 지역·지구등에서의 행위제한 내용, 그리고 같은 법 시행령 제9조제4항에서 정하는 사항을 확인해 드리는 것으로서 지역·지구·구역 등의 명칭을 쓰는 모든 것을 확인해 드리는 것은 아닙니다.
2. 「토지이용규제 기본법」 제8조제2항 단서에 따라 지형도면을 작성·고시하지 않는 경우로서 「철도안전법」 제45조에 따른 철도보호지구, 「학교보건법」 제5조에 따른 학교환경위생 정화구역 등과 같이 별도의 지정 절차 없이 법령 또는 자치법규에 따라 지역·지구등의 범위가 직접 지정되는 경우에는 그 지역·지구등의 지정 여부를 확인해 드리지 못할 수 있습니다.
3. 「토지이용규제 기본법」 제8조제3항 단서에 따라 지역·지구등의 지정 시 지형도면등의 고시가 곤란한 경우로서 「토지이용규제 기본법 시행령」 제7조제4항 각 호에 해당되는 경우에는 그 지형도면등의 고시 전에 해당 지역·지구등의 지정 여부를 확인해 드리지 못합니다.
4. "확인도면"은 해당 필지에 지정된 지역·지구등의 지정 여부를 확인하기 위한 참고 도면으로서 법적 효력이 없고, 측량이나 그 밖의 목적으로 사용할 수 없습니다.
5. 지역·지구등에서의 행위제한 내용은 신청인의 편의를 도모하기 위하여 관계 법령 및 자치법규에 규정된 내용을 그대로 제공해 드리는 것으로서 신청인이 신청한 경우에만 제공되며, 신청 토지에 대하여 제공된 행위제한 내용 외의 모든 개발행위가 법적으로 보장되는 것은 아닙니다.
 ※ 지역·지구등에서의 행위제한 내용은 신청인이 확인을 신청한 경우에만 기재되며, 「국토의 계획 및 이용에 관한 법률」에 따른 지구단위계획구역에 해당하는 경우에는 담당 과를 방문하여 토지이용과 관련한 계획을 별도로 확인하셔야 합니다.

토지이용계획확인서

단화된 형태를 이루고 있다.

농업보호구역農業保護區域 은 농업진흥구역의 농경지를 위한 용수원을 확보하거나 수질을 보전하기위하여 지정한 지역이다. 대개 농업용 저수지나 연못과 같이 하천의 상류지역이 해당된다.

토지이용계획확인서
시군구민원실과 인터넷에서 발급이 가능한 것으로, 필지의 면적과 지적도가 표시 되어있다. 뿐만 아니라 해당 필지의 용도지역과 함께, 농업진흥지역에 해당되는 경우에는 그 구역이 표시되고, 기타 건축에 제한이 되는 사항이 표시되어 있다. 따라서 건축계획에 앞서 반드시 열람해야하는 문서이다.

농촌주택, 농가주택, 농업인주택

농촌주택, 농가주택, 농업인주택의 구분
농촌주택農村住宅 은, 읍·면지역의 상공업지역을 제외한 농촌지역에 위치하고 있는 주거목적의 건축물과 부속 시설물 및 부속 토지를 말한다. 거주하는 하는 사람이 농사를 짓지 않더라도, 농촌지역에 위치하고 있는 일반주택을 통틀어 농촌주택이라 한다. 농촌주택은 식당이나 숙박 등의 영업이 목적이 아니어야 하며, 별장이나 고급주택도 해당되지 않는다.

농가주택農家住宅은 법률상이 아닌 일상적으로 사용되는 용어다. 영농인이 영농을 위하여, 농지가 소재하고 있는 시군구 또는 인접한 시군구에 소유하고 있는 주거용 건물과 이에 부수되는 토지를 농가주택이라 한다. 농업인이 거주하는 농촌주택이라 생각해도 무방하다. 농업인주택을 농가주택으로 부르기도 한다.

농업인주택農業人住宅은 농지법에 의해 '일정한 자격'을 가진 농업인이 농·임·축산업을 영위할 수 있도록 '일정한 범위'내에서 혜택을 주어 지은 농가주택이다. 농업인주택은 농지법에 의해 건물의 연면적이 100m^2를 초과할 수 없다. 일반적으로 농업인주택이란 용어 대신에 농가주택으로 구분이 없이 통용되고 있다.

별장

상시 주거용이 아니고 주말의 휴양이나 피서 등을 목적으로 사용되는 주택과 부속되는 토지를 말한다. 지방세법상, 고급주택과 동일하게 취득세가 중과되고 재산세도 최고세율 4%가 적용된다. 단, 읍면지역에 소재하고 건물 연면적 150m^2이내이고 부속 토지면적 660m^2이내이면서 건물 공시가격 6500만 원을 초과하지 않는 별장은 농어촌주택으로 보고 중과세의 대상에서 제외한다.

고급주택

지방세법상의 주택개념으로 취득시 일반취득세율의 5배를 적용한다. ①건물 연면적이 331㎡(또는, 대지면적 662㎡)을 초과하고, 건물가액이 9000만 원을 초과하면서, 공시가격 또한 6000만 원을 초과하는 단독주택과 부속토지. ②전용면적 245㎡를 초과하고, 공시가격 또한 6000만 원을 초과하는 공동주택과 부속토지. ③67㎡이상의 수영장이나 200㎏을 초과하는 엘리베이터를 설치한 단독주택.

농업인주택의 자격과 혜택

일반인의 주택 건축이 거의 불가한 농림지역이나 자연환경보호지역 뿐만 아니라 농업진흥구역(경지정리가 미진행된 지역에 한해서)에서도 건축이 가능하지만 자격이나 요건을 갖추어야 한다.

자격 첫째, 반드시 '농업인'이 1인 이상 있는 세대의 세대주이어야 한다. 둘째, 농·임·축산업에 의한 세대의 연간 수입액이 총수입액의 반을 초과하거나, 세대원 노동력의 반 이상이 농·임·축산업에 종사해야 한다.

부지의 위치 농·임·축산업의 근거가 되는 농지(임야,축사)가 있는 시·구·읍·면 지역, 또는 이에 붙어있는 시·구·읍·면 지역에 있는 부지이어야 한다.

부지의 면적 해당 이전 5년간 농업인주택의 부지로 전용한 농지면적을 합산한 총면적이 660㎡이하이어야 한다. 단 공공사업으로 인해 철거된 농업인주택의 설치를 위한 면적은 제외된다.

시설범위 해당 세대원의 주거가 목적인 건축물과, 이에 부속한 창고와 축사 등의 시설물이다. 대규모의 축사와 같이 주택의 부속물로 보기 어려울 경우에는 별도의 허가나 신고가 가능하다. 지방세법 시행령에 의한 '별장'이나 '고급주택'은 해당되지 않는다.

혜택 ①농지전용부담금이 전액 감면된다. ②과거와 현재 모두 무주택인 세대주일 경우에 한해서 농업진흥지역 밖에서의 농업인주택 신축을 위한 농지전용은 허가가 아닌 신고만으로도 가능하다. 단, 농업진흥지역내에서는 주택 보유와 관계없이 농지전용 허가를 받아야 하며, 농지조성사업으로 경지정리가 끝난 경우에는 비록 농업인주택이라 하더라도 농지전용 허가가 되지 않을 수도 있다.

사후 관리 5년 이내에 일반주택으로 사용하거나 비농업인에게 매도할 경우 농지법에 의해 '용도변경' 승인을 받아야하고 감면되었던 농지보전부담금을 납부하여야 한다. 그러나, 농업진흥지역내의 농업인주택은 5년이 지나도 일반주택으로의 용도변경이 되지 않으므로 비농업인에게 매도할 수 없다.

농업인(農業人)

농지법에 의한 농업인은 다음 중 한 가지 이상에 해당하는, 농업 등에 종사하는 개인이다.

① 1,000㎡ 이상의 농지에서 농작물(다년생식물)을 경작(재배)하거나, 1년 중 90일 이상 농업에 종사하는 사람.

② 농지에 330㎡ 이상의 고정식온실, 버섯재배사, 비닐하우스 등 농업생산에 필요한 시설을 설치하여 농작물(다년생식물)을 경작(재배)하는 사람.

③ 대가축 2두, 중가축 10두, 소가축 100두, 가금 1천수 또는 꿀벌 10군 이상을 사육하거나, 1년 중 120일 이상 축산업에 종사하는 사람.

④ 농업경영으로 농산물의 연간 판매액이 120만 원 이상인 사람.

용도지역, 농업진흥지역에서의 주택 건축

용도지역과 농업진흥지역에는 농지의 보전을 위해 개발에 제한이 되는 경우가 많다. 주택뿐만 아니라 창고나 공장 등과 같이 시설물의 종류에 따라 제한의 방법이 매우 복잡하다. 여기서는 도시지역을 제외한 용도지역에서의 주거를 목적으로 하는 단독주택을 위주로 정리 해 본다.

농업진흥지역의 농업진흥구역

농업인주택이나 농업인의 공동생활에 필요한 마을회관 등으로 매우 제한적이다. 특히, 농지조성사업으로 경지정리가 끝난 경우에는 비록 농업인주택이라 하더라도 농지전용 허가가 되지 않는 경우도 있다.

따라서 일반인이 농업진흥구역에서 주택을 건축하는 것은 거의 불가능하며, 이미 지어져있는 농업인주택의 구입조차도 어렵다. 아직 경지정리가 되지 않는 지역에 한해서 농업인의 자격을 가져야만 가능한데, 그 자격요건을 갖추기가 쉽지 않다.

농업진흥지역의 농업보호구역

농업진흥구역보다는 제한이 다소 완화되어, 농업인주택뿐만 아니라 부지가 1,000㎡미만의 단독주택, 슈퍼마켓, 의원 등이 가능하다. 이외에도 규모가 큰 부지 3,000㎡미만의 주말농원이나 부지 20,000㎡ 미만의 관광농원도 가능하지만, 수질보호를 목적으로 식당이나 주점 등은 제한된다.

자연환경보전지역, 농림지역

'현저한 자연훼손을 가져오지 아니하는 범위 안에서 건축하는 농업인주택'으로 매우 제한적이다. 농업인주택도 쉽지 않다는 뜻이다. 다만, 지방자치단체의 『도시계획조례』가 지정하는 지역에 한해서는 제한이 다소 완화되어 일정 규모 이하의 슈퍼마켓이나 일용품점 등이 가능하다.

건폐율은 20%이하, 용적율은 50%이상 80%이하의 범위에서 지방자치단체의 『도시계획조례』가 정한다.

건폐율 20%이상, 용적율 50%이상 80%이하의 뜻

이는 『국토의 계획 및 이용에 관한 법률 시행령』에서 건폐율과 용적율의 제한

범위를 명시한 것이다. 각 지방자치단체는 『도시계획조례』에 의해 『시행령』의 범위 내에서, 지역의 실정에 맞게 정할 수 있다. 위의 경우 건폐율은 20%이하에서, 용적율은 50%이상 80%이하의 범위에서, 지방자치단체의 여건에 따라 정할 수 있다는 뜻이다. 따라서 용도지역별 건폐율과 용적율은 지방자치단체마다 다를 수도 있다. 예를 들면, '가'군의 농림지역은 건폐율 10%, 용적율 50%가 될 수 있고, '나'군의 농림지역은 건폐율 20%, 용적율 80%가 될 수 있다는 뜻이다.

보전관리지역, 생산관리지역

부지 1,000m^2 미만의 단독주택과 공동주택으로, 4층 이하 건축물로 제한한다. 단 지방자치단체의 『도시계획조례』로 층수를 따로 정하는 경우에는 그 층수 이하의 건축물에 제한한다. 원래 자연환경보전지역 또는 농림지역이 되어야 하나 관리가 곤란하여 보전관리지역과 생산관리지역으로 분류되었기 때문에 개발에는 어느 정도의 제한이 따른다. 따라서 슈퍼마켓과 같은 일용품점은 가능하지만, 환경보전과 수질개선을 위해 음식점이나 단란주점 등은 제외한다.

건폐율은 20%이하, 용적율은 50%이상 80%이하의 범위에서 지방자치단체의 『도시계획조례』가 정한다. 농지전용의 면적도 1,000m^2 미만으로 제한이 된다.

계획관리지역

이 지역에서 건축할 수 있는 건축물의 종류는 단독주택을 비롯하여 일용품점이나 음식점과 같은 근린생활시설 등으로 비교적 제한이 적다. 보전관리지역, 생산관리지역과는 달리 부지면적의 제한이 없지만, 건축물의 층수는 4층 이하로 한정된다. 그러나 지방자치단체의 『도시계획조례』로 층수를 따로 정하는 경우에는 그 층수 이하로 제한한다.

건폐율은 40%이하, 용적율은 50%이상 100%이하의 범위에서 지방자치단체가 면적과 인구 및 지역의 특성을 감안하여 『도시계획조례』로 정한다. 필요한 경우 관할구역을 세분하여 건폐율과 용적률을 달리 정할 수도 있다.

건축허가와 건축신고

건물의 신축이나 증개축 또는 건물의 용도를 변경할 때는, 관련 관청의 심의를 거쳐 허가를 받아야 한다. 『건축법』에 의해 일련의 절차를 거치는 허가행위를 건축허가라 한다. 일정규모 이상으로 건물을 수리하거나 부대 시설물을 설치 할 경우에도 건축허가를 받아야 한다.

그러나 규모가 크지 않고 주위 환경에 큰 영향을 주지 않는 건축은 신고로도 가능하다.

[별지 제7호서식]

건 축 신 고 필 증

귀하께서 제출하신 건축물의 건축신고서에 따라 건축신고필증을 건축법시행규칙 제12조의 규정에 의하여 교부합니다.

건축구분	신 축		허가번호	제2008-■■면 -신축신고-47호
			신고일자	
건 축 주	■■■■■		주민등록번호	■■■■-■■■■■
대지위치	■도 ■군 ■면 ■리 685번지 외1필지			
대지면적(㎡)	727.0			
건축물명칭			주 용 도	단독주택
건축면적(㎡)	102.60		건폐율(%)	14.1100
연 면 적(㎡)	94.20		용적율(%)	12.9600
동고유번호	동명칭및번호	연면적(㎡)	동고유번호	동명칭및번호	
1층	단독주택	94.20			
	이	하	여	백	

※ 건축물의 용도/규모는 전체 건축물의 개요입니다.

2008 년   09 월   24 일

■■■■■■■   면

건축신고필증-건축허가

[별지 제15호서식]

착공신고필증

귀하께서 제출하신 착공신고서에 따라 착공신고필증을 건축법시행규칙 제14조의 규정에 의하여 교부합니다.

건축구분	신 축	신고번호	제 2008-■■면-신축신고-47호
건 축 주	■■■	주민등록번호	■■■-■■■
대지위치		■도 ■군 ■면 ■리 685번지 외1필지	
대지면적(㎡)	727.0		
건축물 명칭		주용도	단독주택
건축면적(㎡)	94.20	건폐율 (%)	14.11
연 면 적(㎡)	94.20	용적율 (%)	12.96
착공 예정일	2008. 10. 25.		

※ 건축물의 용도/개요는 전체 건축물의 개요입니다.

2008년   10월   23일

 면 장

착공신고필증-착공 허가

신축일 경우는 ①연면적 100㎡ 이하 ②관리지역, 농림지역, 자연환경보전지역에서 연면적 200㎡ 미만이고 3층 미만 ③표준설계도에 따라 건축하며『건축조례』로 정하는 건축물일 경우는 신고로 가능하다.

증개축일 경우에는 ①연면적 85㎡ 이내의 증축·개축·재축 ②건축물 높이 3m 이하에서의 증축일 경우 역시 신고만으로 가능하다. ①연면적 200㎡ 미만이고 3층 미만의 대수선 ②주요구조의 해체가 없는 대수선 일 경우에도 신고만으로 가능하다.

여기서 유의해야 할 점은, '건축신고'는 '건축허가신청'과 같다는 것이지 '건축허가'와는 다르다. 건축허가서와 같은 효력을 가지는 것은 건축신고가 아닌 '건축신고필증'이다. 즉 건축신고는 건축허가신청에 비해 절차와 구비서류 등이 간소하다는 것이지 신고만으로는 건축이 가능하다는 뜻이 아니다.

이외에도 건축신고의 경우 건축물 설계는 건축사를 거치지 않아도 되고, 착공신고에도 '감리'선정 등이 적용되지 않아, 건축사를 거쳐야 하는 설계비와 대행수수료에 많은 차이가 있다.

건축허가서 또는 건축신고필증을 받은 날부터 1년 이내에 착공신고와 함께 착공하지 않을 때는 건축허가가 취소되며, 1회에 한하여 1년 연장을 할 수 있다.

산재보험

건축현장에는 사고 발생의 소지가 다분하다. 종래에는 낙상이나 낙하물에 의한 사고가 대부분이었지만, 현재는 다양한 전동공구의 사용으로 인해 신체의 절단이나 감전사고 등과 같이 사고의 유형이 많아졌고 위험도 또한 증가하였다. 당연히 사고가 발생하지 않아야 하겠지만, 작업자의 순간적인 방심이나 실수는 피해자뿐만 아니라 고용인에게도 많은 육체적 경제적 손실이 발생하게 된다. 이러한 재해를 보상하기 위하여, 국가가 사업주로 하여금 의무적으로 가입하게끔 한 것이 산재보험이다.

국가가 관리하는 측면에서는 의료보험과 비슷하다. 의료보험은 보험가입자가 보험료를 부담하고, 치료비의 일부를 보험에서 지급한다. 이에 비해 산재보험은 보험료 전액을 사업자가 부담할 뿐만 아니라, 보험에서 치료에 관련된 비용 전부를 지급하며 치료 기간 중에는 평균임금의 70%를 휴업급여로 지급한다.

주택건설사업자에게 발주하여 시공되어지는 건축에는 주택건설사업자가 사업주가 되고, 주택건설사업자가 산재보험에도 의무적으로 가입해야 한다. 그러나 건축주가 직영하는 경우에는 건축주가 사업주가 된다. 건축주 직영이라 함은, 건축면허가 없는 개인업자에게 발주하거나 작업자를 직접 고용하여 시공하는 것을 말한다. 건축주 직영의 경우에도 연면적 100㎡초과하는 건축(연면적 200㎡초과하는 대수선)이

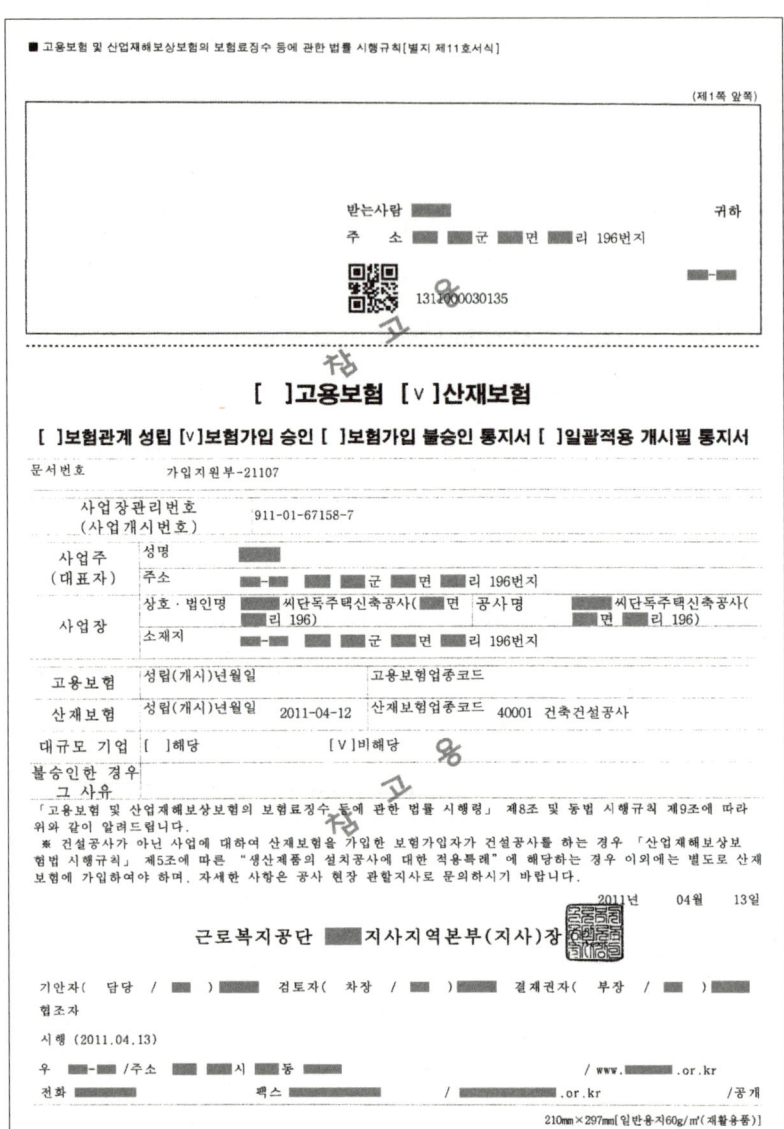

산재보험 가입승인서

고 공사금액이 2,000만 원 이상 일 때는 의무적으로 산재보험에 가입해야 한다.

연면적 100m^2이하의 건축으로 의무 가입대상이 아니라 하더라도 산재보험의 임의가입이 가능하므로, 건축주 직영일 경우에는 의무 가입 여부를 떠나 당연히 가입하기를 권한다. 규모가 작은 건축이라고 사고가 나지 않는다고 장담할 수 없으며, 만에 하나 사고가 발생하면 모든 책임을 건축주가 져야하기 때문이다.

산재보험 가입 방법은 간단하다. 건축주직영일 경우 건축허가서(건축신고필증) 사본과 함께 근로복지공단에 신청하면 된다. 신청서 접수 다음날부터 준공검사 때까지, 해당 건축의 모든 작업자에게 산재보험이 적용된다. 산재보험료 산정은 별도의 방법이 있으나, 소규모 목구조 주택의 경우 8,000~9,000원/m^2정도(2011년 기준)가 된다.

시공업체와 계약할 때 반드시 산재보험 가입 여부를 확인해야하며, 건축주 직영의 경우에는 의무 여부를 떠나 반드시 산재보험에 가입할 것을 다시 한 번 당부한다.

4장
건축이란 여행을 위한 준비
건축의 행정적인 절차와 건축계획

집짓기를 위한 일반적인 과정
주택건축이 거쳐야 하는 행정절차
집짓기 과정에서 이 절차만은 꼭 지키자!
현황측량과 경계측량을 해야 하는 시점 | 설계변경을 해야 하는 경우

조용하고 외진 곳의 무서운 복병-전기와 통신
전기공급을 위한 전신주 설치비용 부담
유선통신을 위한 통신주 설치비용 부담

나는 과연 어떤 집이 필요한가?-건축계획
이미 지어져 있는 집을 구경하는 것이 건축의 시작이다
전문시공업체와 상담-건축의 방향과 예상건축비
설계 착수 전에 집의 규모와 대략적인 구조를 결정하자

집짓기를 위한 일반적인 과정

내 땅에 내 집을 짓는데 무슨 조건이 필요할까라는 생각이 들지만, 난개발에 따르는 농지의 훼손을 최소화하고 건축물의 난립과 환경오염을 막기 위해 법으로 일정한 제한을 두고 이를 확인하기 위한 인허가 절차를 요구하고 있다. 이런 절차가 무시된 채 건축행위가 이루어지면 원상복구나 이행강제금 등의 막대한 경제적 손실이 따르게 된다. 일반적인 농지에서의 건축은 대개 다음과 같은 과정을 거치게 된다.

주택건축이 거쳐야 하는 행정절차
  1) 농지전용 및 부지조성 단계
  ① '토지이용계획확인서'의 열람으로 해당 토지의 용도지역을 확인하고, 아울러 건폐율과 용적율을 확인한다.
  ② 건물의 개략적인 면적을 정한 후, '지적도'에 예상위치를 표시한다.
  ③ 건물면적, 건폐율, 용적율을 참조하여, 농지일 경우에는 전용할 면적을 정하여 지적도에 그 범위를 표시한다.
  ④ 측량사무실에 '농지전용신청' 업무를 위탁한다.
    측량사무실은 해당토지에 대해 현황측량을 실시하고, 토목설계를 거쳐 농지전용과 개발행위허가를 신청한다.
  ⑤ '농지전용허가'가 되면 '농지보전부담금을' 납부한다.

⑥ '개발행위허가증'을 교부받는다.
⑦ '개발행위허가'를 득한 토지에 부지조성공사를 진행한다. 단, 건축물 기초를 위한 터파기는 할 수 없다.

2) 건축허가 단계
① 건축사무실에 건축설계를 의뢰한다. 건축신고에 해당될 경우에는 건축사무실을 거치지 않아도 된다.
② 건축사무실에 '건축허가(신고)신청' 업무를 위탁한다.
건축사무실은 건축허가(신고)를 위한 도면과 함께 건축허가(신고)신청서를 작성하여 접수한다.
③ 건축허가와 관련된 면허세 등의 공과금을 납부한다.
④ '건축허가서' 또는 '건축신고필증'을 교부받는다.
⑤ 재건축일 경우에는, 기존 건축물을 철거하고 '멸실신고'를 한다.
⑥ 지적공사에 경계측량을 신청하여 경계측량을 실시한다.
경계측량은 경우에 따라 많은 시일이 소요될 수 있으므로, 부지조성이 되어 있을 경우에는 미리 신청할 필요가 있다.
⑦ 건축사무실에 '착공신고신청' 업무를 위탁한다.
건축신고일 경우에는 착공신고가 거의 동시에 이루진다.
⑧ '착공신고필증'을 교부받은 후, 산재보험에 가입하고 공사를 시작한다.

농지전용 허가전의 경작되고 있는 농지

준공 모습

사 용 승 인 서

귀하께서 건축한 건축물의 사용승인서를 건축법시행규칙 제16조의 규정에 의하여 교부합니다.

건축구분	신 축	신고번호	제2008 - ■면 - 신축신고 -47호
건 축 주		주민등록번호	
대지위치	■도 ■군 ■면 ■리 685번지 외1필지		
대지면적(㎡)	727.0		
건축물명칭	-	주 용 도	단독주택
건축면적(㎡)	102.60	건폐율(%)	14.11
연 면 적(㎡)	94.20	용적률(%)	12.96
가설건축물 존치기간	" 해 당 없 음 "		

※ 건축물의 용도/규모는 전체건축물의 개요입니다.

2009년   05월   04일

■군 ■■■■ 면 장

[별지 제18호서식]

3) 준공검사 단계

① 건축물 사용승인(준공검사)신청에 필요한 각종 준공필증을 준비한다.
- 정화조준공필증 또는 배수설비준공필증
- 지하수준공필증 : 상수용 지하관정을 사용할 경우.
- 가스설치확인서
- 개발준공필증, 건물현황측량성과도 – 측량사무실에 의뢰.

② 건축사무실에 '건축물 사용승인'신청 업무를 위탁한다.
③ '사용승인서'를 교부받는다.
④ 입주를 하며, 취득세와 등록세 등의 세금을 납부한다.
⑤ 건축 또는 측량사무실에 '지목변경'신청 업무를 위탁한다.
⑥ 등기부에 등재 신청을 한다.

건축물대장, 토지대장은 자연 등재된다.

집짓기 과정에서 이 절차만은 꼭 지키자!

대개의 경우 건축은 상기의 과정을 거치게 된다. 경우에 따라서는 농지전용허가와 개발행위허가, 건축신고와 착공신고 등과 같이 거의 동시에 이루어지는 과정이 있을 수도 있다. 경작이 되고 있지 않는 대지일 때는 개발행위허가 과정이 필요치 않는 경우도 있다.

그러나, 부지조성을 위한 토목공사와 건축물의 기초를 위한 터파기 작업은 반드시 선결 조건을 갖추어야 한다. 농지전용이 필요한 부지조성작업은 반드시 개발행위허가증이 교부되어야 하며, 그것도 해당 범위 내에서 절토 또는 성토를 동반하는 평탄작업까지의 부지정리에 한한다. 그리고 건축의 기초를 위한 터파기작업은 반드시 착공신고필증이 교부되어야 가능하다. 터파기작업은 건축행위에 포함되기 때문이다.

현황측량과 경계측량을 해야 하는 시점

건축을 위해서는 적어도 한번 이상의 경계측량이 반드시 필요하며, 농지전용을 할 경우에는 개발행위를 하기 전에 현황측량이 필요하다. 특히 경계측량의 경우는 필요할 때마다 측량을 하면 좋겠지만 필지의 크기 등 조건에 따라 측량비도 만만치 않을 뿐만 아니라, 경우에 따라서는 측량 신청 후에도 많은 시일이 걸릴 수도 있기 때문에 최소한의 측량이 경제적 시간적으로 도움이 된다. 물론 전용허가가 필요하지 않고 기존의 경계측량으로 경계지점이 확실한 경우는, 부지조성 작업 중에 경계점이 유실되지 않게 주의를 한다면 새로운 측량은 필요하지 않다.

대개의 경우 부지조성을 위한 토목공사 도중에 경계점이 없어지거나 옮겨질 가능성이 많아, 막상 건축이 착공될 경우 기초공사를 위한 위치 선정이 어렵게 된다. 건물기초의 위치 선정이 제대로 되지 않았을 경우에는, 건물의 위치가 건축허가(신고)와 일치하지 않아 설계변경이 될 수 있다. 만약 경계를 벗어나 타인 소유지를 침범한 경우에는 막대한 경제적 손실을 야기할 수도 있다.

 전용허가를 할 경우나, 기존의 경계점이 불확실하고 부지조성작업이 필요할 할 경우에는 측량사무실에 '현황측량'을 의뢰하는 것이 좋다. 현황측량을 할 때, 비록 법적인 효력은 없으나 경계점을 표시하면 부지조성작업에는 큰 무리가 없게 된다.

 부지조성이 끝난 후 '경계측량'을 하면, 공사 중에도 경계점의 유실을 최소화 할 수 있을 뿐만 아니라 건물의 위치를 정확하게 할 수 있다. 경계측량을 실시할 경우에는 이웃하는 토지의 소유주와 함께 참관하는 것이, 후에 경계에 관한 문제점 발생의 소지를 줄일 수 있다.

설계변경을 해야 하는 경우

건축허가(신고)시 설계도면에 근거하여 ① 건물의 위치가 1m 이상 이동하였거나, ② 건물 면적이 50m^2이상 증가, 또는 ③ 건물의 구조가 변경되었을 경우에는 설계변경을 신청해야한다. 그러므로 설계시 주변 상황을 제대로 반영하여 건물의 구조와 크기 및 위치 선정에 신중해야한다. 또한 설계를 제대로 반영한 시공이 이루어져야 불필요한 경비 지출을 동반하는 설계변경을 방지할 수 있다. 여기서 건물의 구조변경이라 함은, 예를 들어 조적조가 철근콘크리트구조로 또는 목구조가 조적조로 바뀌는 것과 같이 건축물의 구조자체가 변경되는 것을 의미한다.

조용하고 외진 곳의 무서운 복병 – 전기와 통신

인간이 삶을 유지하기 위해서는 기본적으로 의식주가 보장되어야한다. 현대에서는 이 의식주를 보다 윤택하고 편리하게 유지시키기 위해 반드시 필요한 것이 전기電氣다. 또한 한 인간을 거대한 사회의 한 조직원으로 연결시켜주는 통로가 전화와 인터넷으로 대표되는 통신이다. 현대인은 특별한 경우를 제외하고는 전기와 통신이 단절된 곳에서 생활하기란 거의 불가능에 가깝다. 도시지역이나 산골의 촌락부근에는 전혀 문제가 되지 않지만, 따로 떨어진 외진 곳은 전기공급과 통신연결을 위해 적지 않은 비용을 부담해야 한다. 경우에 따라서는 그 비용이 건축비를 초과할 수도 있으므로 필히 염두에 두어야한다.

전기 공급을 위한 전신주 설치비용 부담

전기를 공급받고자 하는 위치에서 가장 가까운 기존의 전신주까지의 직선거리가 200m이하일 경우에는 별도의 비용이 추가되지 않지만, 200m를 초과하는 경우에는 m당 약 5만 원의 시설비를 부담해야 한다. 이때의 시설비는 건물에 전기계량기를 설치할 때 한전에 지불하는 불입금과는 별도의 비용이다.

개인이 시설비를 부담하였다 하더라도, 전기공급 시설은 한국전력에 귀속되고 개인은 그 시설에 대하여 어떠한 재산권을 가질 수 없게 된다. 또한 전신주가 세워져야 할 곳이 사유지이면 소유주의 동의를 받아야하는데, 소유주가 다른 지방에 거주 할 경우에는 동의서 작성이 쉽지가 않다.

유선통신을 위한 통신주 설치비용 부담

유선전화나 인터넷을 위한 통신선을 설치하기 위해서는 전신주와는 별도로 통신주를 설치해야 하는데 여기에 드는 비용 역시 만만치는 않다. 통신주는 전신주와는 달리 일반적으로 40m간격으로 설치된다. 기존의 통신주에서 80m(통신주 2개)까지는 비용부담이 없지만, 80m를 초과할 경우에는 초과 후 200m(초과 통신주 5개)까지는 통신주 1개당 약 10만 원의 비용이 발생된다.

그 이후 초과되는 부분은 통신주 1개당 약 40만 원에서 50만 원의 비용이 발생된다. 사유지에 설치될 경우 통신주 역시 소유주의 동의가 필요하다. 통신주 시설은 공사가 끝나면 일정기간에 한정하여 다소의 권리를 인정해 준다. 일정기간 내에 타인이 개인이 부담한 통신시설을 거쳐야 할 경우 기존 부담자의 동의를 받아야 하므로, 동의 과정에서 이미 지급된 비용의 일부분을 분담할 수도 있다.

전신주와 통신주

통신선로의 길이가 길어질수록 설치비용은 기하급수적으로 증가하지만, 이에 반비례하여 인터넷의 질은 급속히 저하된다. 이는 하나의 통신선에 주파수대역이 낮은 음성신호(전화)와 주파수를 높은 대역으로 변조시킨 인터넷 신호가 동시에 이동하게 되는데, 구리로 된 통신케이블을 통과하는 신호는 주파수대역이 높을수록 손실이 커지기 때문이다. 따라서 거리가 멀어지게 되면 전화의 음질에는 변화가 적지만, 인터넷의 경우는 속도가 느려지게 되고 접속 상태도 나빠지게 된다. 물론 광케이블을 설치한다면 해결되지만 현재까지는 산촌의 오지까지 광케이블을 기대하기는 어렵다.

기존 전신주(통신주)에서 600m 거리의 전기(통신)시설비

① 전기 공급시설비: (600 − 200)m × 약 5만 원/m

≒ 400 × 5만 원 = 2,000만 원

② 통신 공급시설비: 600m ÷ 40m = 15개(통신주)

5개 × 약10만 원 + (15 − 2 − 5)개 × 약45만 원

≒ 50만 원 + 8개 × 45만 원 = 410만 원

나는 과연 어떤 집이 필요한가? −건축계획

주택은 일반 상품을 구입하는 것과는 매우 다르다. 일반 상품의 경우

구입한 것이 마음에 들지 않으면 다시 다른 것을 구매하거나 교환 할 수 있지만, 주택은 재건축이나 교환이 거의 불가능하고 수리 역시 만만치 않다. 주택에 거주하면서 안정과 건강을 추구해야 하는데, 잘못 되어지면 주객이 전도되어 주택으로 인해 육체적 정신적 스트레스와 경제적 시간적 손실을 가져올 수도 있다. 일생에 한두번 지을까말까 하는 나만의 집, 계획에서부터 시간적 여유를 갖고 차근차근 준비하는 것이 완벽한 건축에 다가가는 지름길이 될 것이다.

이미 지어져 있는 집을 구경하는 것이 건축의 시작이다.
가장 먼저 결정되어야 할 것은 짓고자 하는 주택의 용도다.

상시 거주할 주거용인지, 아니면 주말이나 휴가 때 사용할 별장용이나 펜션 등의 용도로 지을 것인가가 우선 결정되어야 한다. 또한 준공 후 관리를 본인이 직접 할 것인가, 임대를 할 것인가도 어느 정도는 고려해야 할 부분이다.

집의 용도가 결정 된 후에는, 그런 용도로 이미 지어져 있는 집들을 직접 발품을 들여 구경해야 한다. 집 구경은 많으면 많을수록 좋다. 이 때 눈여겨보아야 할 것은 건축물의 종류, 전체적인 구조, 외부 및 내부 마감, 건축물 크기, 건축 비용 등이다. 집 구경과 함께, 그 집에 거주하고 있는 사람과의 대화는 값진 정보가 될 수 있다. 건축 과정에서의 애로 사항이나 살면서 불편한 점과 좋은 점 등을 직접 듣는 것은 발품이 아니고는 불가능하다. 이것은 간접 경험을 얻음과 동시에 단점에 대해서는 미리 보강을 하거나 최소화할 수 있는 훌륭한 조언이 된다. 특히 단점에 대한 사전 지식은 건축물 종류의 결정에 직접적인 영향을 주며, 준공 후 건축물 관리에도 많은 도움이 된다. 이런 사소한 것들이 모여 불필요한 건축비를 줄일 수 있고, 좀 더 합리적이고 쾌적한 주택이 만들어지게 된다.

그런데 많은 발품을 들여 집 구경을 한 경우에 역효과가 있는 경우가 간혹 있다. 집 구경은 그 집의 구조나 장단점을 미리 파악하여 좀 더 나은 집을 계획하는 것이 목적인데, 겉모양이나 고가의 마감재 등에 현혹이 되는 경우가 있다. 특히 건축과 관련된 각종 박람회를 참관하게 되면, 첨단 소재나 마감재에 눈길이 가게 되는 것이 인지상정이다. 결과적으로는 처음의 예상 건축비보다 상당히 증가되어 경제적 부담이 되기도 하고, 심지어는 건축 자체를 포기하는 경우도 있다. 물론 신소재나 고가의 자재가 문제가 있는 것은 아니다. 경제적 여유가 있을 때는 관계가 없지만 그렇지 않을 경우 상당한 부담이 되는 것은 사실이다. 특히 마감재의 경우 가격과는 관계없이 적재적소에 사용되는 것이 무엇보다 중요하다. 예를 들면, 실크벽지의 경우 일반벽지에 비해 자재비와 시공비가 비싸지만 쉽게 더럽혀지지 않고 청소가 용이한 좋은 점이 있다. 반면에 통기성이 없어 웰빙 자재로는 적합하지 않다. 또한 온돌마루의 경우도 내구성이 좋은 고가의 바닥 마감재이지만, 일반 바닥재와 비교하여 열전도율이 낮기 때문에 바닥 난방의 경우에는 난방 효율이 다소 떨어진다.

집 구경으로 건축물의 종류가 어느 정도 정해지면, 멋진 외형보다는 그런 종류의 건축물이 갖는 내구성에 대해서도 고려를 해야 할 것 같다. 지진이나 태풍 등의 자연 재해로부터 거주자들을 보호 할 수 있어야 하고, 건축물 자체도 수명이 길어야 한다. 요즈음 세계적으로 빈번해지고 강도가 커지는 지진의 경우를 생각해보자. 일반적인 콘크리트 건물보다는 옛날의 초가집이 더 지진에 강하다는 것은 이미 잘 알려져 있다. 단단한 자재를 사용한다고 건물이 내구성이 있고 자연 재해에 강하다고 할 수 없다. 어떤 자재를 사용하든지 그 자재의 장점을 살리고 구조적으로 안정되게 시공하여야 내구성이 증가되는 것이다. 강한 바람에 큰 나무는 부러지지만 갈대는 흔들려도 부러지지 않는다.

전문시공업체와 상담 - 건축의 방향과 예상건축비

주택의 종류가 어느 정도 결정되면 최소한 둘이상의 전문시공업체와 건축 가능성, 시공기간, 착공가능 시점 및 예상건축비를 검토한다. 대체적인 예상건축비가 정해지면 건축비를 준비하고 지출할 계획과 함께 착공예정 일자를 결정한다.

일반적으로 통용되는 '건축비'의 범위는 기초공사를 시작으로 건물의 뼈대와 내·외부의 마감 및 지붕 마감까지, 그리고 전기시설 및 상·하수도 설비시설에 필요한 자재비와 인건비를 말한다. 이외의 부지조성과 관련된 토목공사, 조경공사, 지하수 관정작업이나 원거리의 상수도관 연결, 건축과 관련된 각종의 인허가 업무 등은 별도의 언급이 없을 경우 건축비에 포함되지 않는다. 업체에 따라서는 일정 규모이상의 데크는 별도의 시공비를 요구하기도 한다. 이런 부분은 건축비와는 별도의 비용이며 그 금액도 무시할 수 없다.

설계도면이 없는 상태에서, 업체에서 제시하는 예상건축비는 흔히 말하는 $3.3 m^2$(坪)당 단가를 참고적으로 제시하게 된다. 이는 말 그대로 참고적인 건축비다. 대개의 경우 업체가 제시하는 $3.3 m^2$당 단가는 자재의 대부분을 일반적인 수준이나 약간 저렴한 것을 사용하였을 때를 기준으로 하고 건축물의 구조도 다소 단순한 경우를 기준으로 한다. 따라서 추후에 설계도면이 완성되어, 상세견적을 보면 예상보다 높을 수가 있으며, 시공 중에도 설계변경이나 예상치 못한 추가공사 등이 발생될 수 있기 때문에 예비비는 반드시 필요하다. 따라서 예비비는 업체가 참고적으로 제시한 $3.3 m^2$당 단가 중 최고액에 적어도 10% 이상을 고려해야 한다. 물론 건축에 관련된 인허가비와 토목비도 함께 고려해야 한다.

업체가 제시한 $3.3 m^2$당 단가가 300~330만 원이고 연면적이 약 100 m^2인 주택일 경우 예상되는 건축비를 계산한다면,

330만 원 ÷ 3.3(m^2) ×100(m^2) ×1.1 = 1억 1,000만 원

따라서, 예상건축비는 적어도 1억 1,000만 원 이상으로 생각해야 한다. 여기에는 토목비나 인허가비용, 조경비 등의 부대비용은 제외한 경

우이다.

전문 업체와 상담할 경우 또 한 가지 유의해야 할 점은, 장점에 너무 치중하거나 낮은 가격에 너무 현혹되어서는 안 된다는 것이다. '완전무결한 집은 없다.' 전문 시공업체는 대개의 경우 그 업체가 시공하는 건축물의 장점에 관해서는 다소간 과장됨이 있는 반면, 단점에 대해서는 애써 알리려 하지 않는 경향이 있다. 또한 어떤 형태의 건축물이든지 기본적인 자재비와 인건비가 필요한데, 통상적인 금액에 비해 매우 낮은 가격이라면 그 업체가 자선단체가 아닌 한 뭔가 문제가 있다고 보아야 한다.

설계 착수 전에 집의 규모와 대략적인 구조를 결정하자

도시생활에 익숙한 현대인들은 아파트와 같이 이미 지어져 분양되는 집에 익숙하다. 옷으로 생각하면 여러 기성복 중에서 디자인이나 크기가 내 몸에 맞는 것을 고르는 것과 같다. 이왕에 집을 지으려면, 나와 나의 가족의 취향과 생활패턴에 적합한 '세상에 하나뿐인 집'을 지어야 한다. 여기서 세상에 하나뿐인 집이란, 모양이 특이하거나 특별한 자재로 지은 집을 말하는 것이 아니다. 어떤 형태가 되든 집의 겉모양보다는 내부구조가 모든 가족구성원에게 편리하고 안온한 집을 말하는 것이다. 즉, 기성복이 아닌 맞춤복이 되어야 한다는 뜻이다. 여기에 경제적으로도 부담이 되지 않아야 하는 것은 물론이다.

건축비를 고려하여 주택의 크기를 우선 결정해야 한다. 다음으로

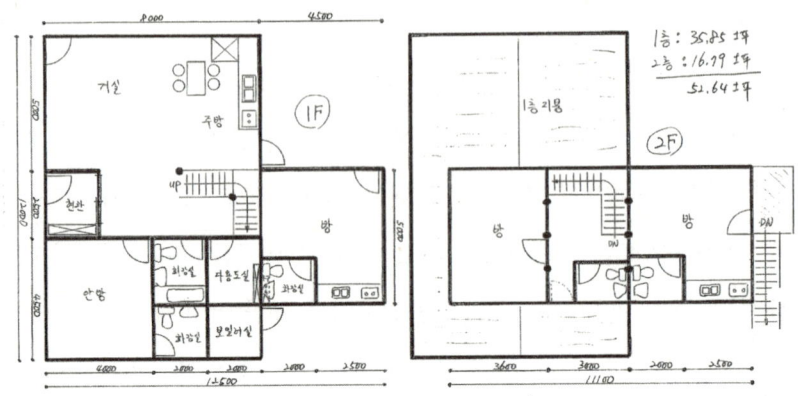

내부구조의 개략적인 구상

가장 중요한 것이 내부 구조다. 가족 구성원의 수와 각 구성원의 생활 패턴을 고려해서 방의 수와 내부 구조가 결정되어야 한다. 특히 고려해야 할 점은 자녀의 유무다. 계속 자녀들과 생활할 것인지, 아니면 자녀가 장성하면 분가를 할 것인지 충분히 고려해야 한다. 자녀수대로 방을 마련했다가 몇 년이 지나 학업이나 직장 문제로 분가가 되었을 때, 청소나 난방 등의 관리문제가 생길 수 있다. 자녀들은 잠깐 사이에 성장하고 이에 비례하여 부모들은 나이가 들어간다. 따라서 현재가 아닌 10년 20년 후를 감안해야 할 것이다.

전원주택의 경우 다용도실이나 창고, 보일러실 등의 부속시설을 반드시 고려해야한다. 도시와 달리 이런 부속시설이 전원생활에서 없어서는 안 될 부분이다. 전원에서의 혹한기나 장마 기간에는 도시에서는 겪어보지 못한 어려움이 있다. 겨울에 폭설이 온다든지, 며칠이고 내리는 장맛비에는 외부활동에 상당한 제약이 있다. 부속시설은 악천후에도 도구나 기구들을 안전하게 지켜줄 뿐만 아니라 야외활동을 어느 정도 가능하게 해준다.

  냉난방시설의 종류 및 규모를 포함하여 벽난로와 같은 보조난방도 함께 검토되어야 한다. 건축 예정지에 상수가 공급되면 큰 문제가 없으나, 그렇지 않을 경우 지하 관정이나 계곡물과 같은 지표수 사용 등의 상수 공급 계획 또한 검토 대상이다.

5장

설계와 착공 준비

나를 위한 주택 설계와 발주를 위한 기본 상식

설계에 적극 참여하자-설계가 바로 건축이다
우리 집 설계의 적임자는 나 자신이다
설계도면! 만들기는 어려워도 보는 것은 쉽다 | 건물과 정화조 배치
현관과 현관문, 중문 | 실내문은 인테리어의 기본이다
주방과 다용도실 | 합리적인 지붕의 단열 | 무시당하는 보일러실

건축의 첫걸음-견적
견적을 보면, 총공사비와 함께 시공내용도 알 수 있다
3.3m²당 단가를 적용한 견적의 허상

발주, 그리고 착공준비
발주와 함께 공사가 시작되다 | 착공 전, 건축주의 마지막 준비물

설계에 적극 참여하자 - 설계가 바로 건축이다

우리 집 설계의 적임자는 나 자신이다

건축설계는 말 그대로 '집을 어떻게 짓겠다는 계획'이다. 따라서 설계는 누구나 할 수 있다. 특히 자신의 집을 위한 설계는 자신이 주체가 되어야 함은 더 말할 필요가 없다. 물론 전문가의 설계를 무시해서가 아니다. 전문가에 의해 구조적으로나 기능적으로도 완벽하게 설계되었다하더라도, 모든 이들의 욕구를 충족시킬 수는 없을 것이다. "전문가이니까 알아서 설계해 달라."하여 작성된 설계도에 의해 건축이 완공되어 건축주가 만족하면 다행이지만, 애초에 건축주가 바라던 것과는

● 평면도-설계도면

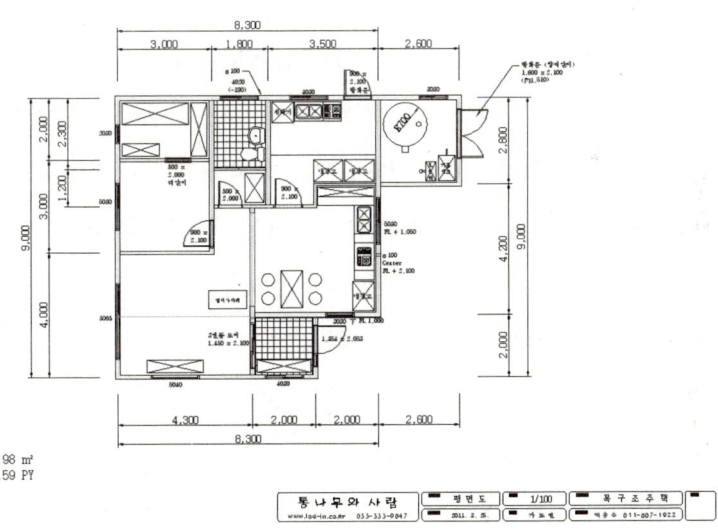

차이가 있을 경우 설계 잘못을 탓할 수는 없을 것이다. 그렇다고 집을 다시 짓는 것은 더더구나 불가능하다. 따라서 자신이 구상한 내용, 즉 집의 내부 구조나 배치, 형태뿐만 아니라 예상 건축비 등을 전문설계자에게 전달해야 한다. 여기에 전문가가 구조적으로 또는 법적으로 미비한 점을 보완한다면 보다 완벽한 설계가 될 것이다.

설계도면! 만들기는 어려워도 보는 것은 쉽다
설계도면은 설계의 내용을 종이에 표현한 것일 뿐만 아니라, 앞으로 지어질 건축물을 평면에 표시한 축소판이다. 뿐만 아니라 시공자에게는 작업지시서가 된다. 따라서 설계도면이 완성되었다는 것은 건축이 완료되었다 해도 과언이 아니다. 완공과의 차이점은 아직은 변경이 용이하다는 것이다.

 대개의 경우 전문가가 아니라 하여 설계도면에 표시된 내용을 자세히 살필 엄두를 내지 못한다. 설계도면은 내용을 숨기기 위해 암호로 표시된 비밀문서가 아니다. 형태를 일정한 비율로 축소하여 나타내고, 시공 내용을 약속된 기호로 표시한 공개된 문서일 뿐이다. 모르는 부분은 물어보면 된다. 설계자에게 전달한 내용이 잘 적용되었는지 또는 새로이 추가하거나 변경 할 부분이 있는지 한번쯤은 살펴 볼 필요가 있다. 착공되어 변경하기보다는 미리 도면에서 미진한 부분을 수정하는 것이 경제적 손실을 줄일 수 있다.

 이렇게 하여 완성된 설계도는 믿어야 한다. 설계상 모호한 부분은 계약이나 착공 전에 명확하게 해야 하고, 특별한 문제점이 없는 한 시공 중에 설계 변경은 없어야 한다. 시공 중 설계 변경이나 추가 공사는 건축비 증가의 원인이 된다. 더구나 책임소재가 불명확할 경우 시공업체와의 마찰이 생길 수가 있고, 이로 인해 공사 지연이나 부실 공사가 되기도 한다. 최악의 경우 업체 변경이나 공사 중단으로 건축주에게 경제적 손실이 될 수 있다.

건물과 정화조 배치

해당 필지 내에서 건물의 위치를 정하기위해서는, 도로에서의 접근이 용이해야하고 산사태나 침수 등의 자연재해에서 직접 피해가 우려되는 부분을 피해야 하는 것이 최우선이다. 건물의 위치가 정해지면 일조량이나 주위의 경관을 감안하여 건물의 방향을 정해야 한다. 그런 다음에 현관과 거실, 주방 순으로 내부배치를 하는 것이 좋다. 도시형 주택이나 가족 구성원에 따라 차이는 있지만 전원주택의 주거 형태는 대부분의 방이 침실의 역할이 전부다. 따라서 방의 크기는 점점 작아지고 대신에 실내 활동의 대부분을 차지하는 거실이 주택의 핵심공간이 된다. 따라서 거실은 넓을 뿐만 아니라, 외부를 조망하기가 좋고, 햇빛이 잘 드는 곳에 주로 배치하게 된다. 이처럼 필지 내에 건물의 위치가 정해져야 건물의 방향을 비롯한 내부 공간의 배치가 용이하게 된다.

거주할 건물의 위치뿐만 아니라 정화조의 위치 선정도 간과할 수 없

● 배치도-설계도면

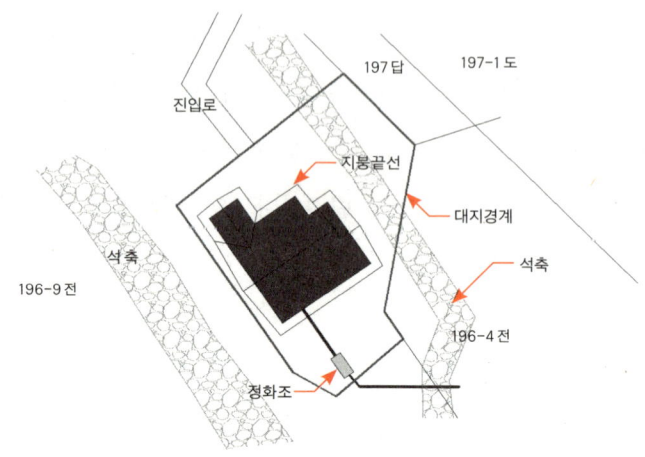

다. 정화조는 반드시 동일 필지 내에 위치해야 한다. 그런데 정화조가 거주 공간과 가까이 있으면 정화조의 환기용 배관을 높게 해도 정화조에서 나는 냄새를 감당하기란 예삿일이 아니다. 그래서 필지 내에서도 가능하면 거주공간과 멀어야 할 뿐만 아니라, 정화조로의 유입수와 유출수의 흐름이 원활한 위치여야 한다. 매립 깊이는 유입수와 유출수의 흐름도 중요하지만 여름 우기에 하수로의 물이 불어나 정화조로 역류가 될 우려는 없는지, 동절기에는 매립 깊이가 얕아 유출관이 결빙되어 막힐 우려는 없는지도 함께 고려해야 한다.

현관과 현관문, 중문

현관은 건물의 내부와 외부를 연결하는 가장 주된 통로이자 방문을 하는 사람들에게는 그 집의 첫인상이 되는 곳이다. 그러므로 전원주택이라면 약간의 무리를 해서라도 현관은 조금 넓다싶을 정도로 하는 것을 권한다. 실내로 들어오는 첫 통로가 좁고 복잡하다면, 집 전체가 답답한 느낌이 되기 십상이다. 대개의 경우 현관에는 신발장을 두게 되는데, 만약 전원주택일 경우에는 현관을 보다 크게 하여 신발장뿐만 아니라 별도의 붙박이장을 설치하면 아주 유용한 공간이 될 수 있다. 그래서 외부작업에 주로 사용하는 작업복과 도구와 같은 잡다한 것들을 보관 할 수 있는 공간으로 활용할 수 있다.

　현관의 외부도 지붕을 길게 한다든지 차양 등을 설치한다면 현관에 빗물이 바로 들이치지 않을 뿐만 아니라 궂은날에도 현관출입이 보다

현관 앞의 지붕을 길게 연장한 모습

● 중문의 형태

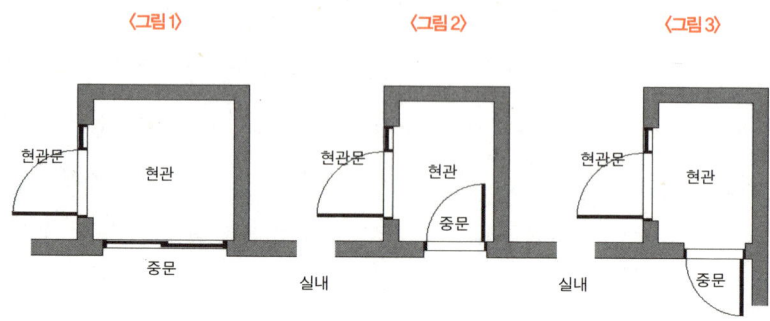

편리한 공간을 만들어준다. 또한 지붕을 흘러내리는 빗물이 현관을 드나드는 통로 부분으로 바로 떨어지지 않게 물받이를 설치하든지 지붕의 경사방향을 감안해야 한다.

현관과 실내공간의 분리와 단열 및 차음을 목적으로 현관에 중문을 설치하는 것이 일반적이다. 특히 현관문의 재질이 금속일 경우에는 중문 설치가 필수적이다. 금속성 현관문일 경우, 겨울에는 실내의 따뜻한 공기로 인해 결로가 생길뿐만 아니라 심하면 결빙이 되기도 한다. 문은 열고 닫는 형태에 따라 여닫이와 미닫이로 나누는데, 특히 현관중문은 사용되는 문의 형태에 따라 현관의 사용 효율이 좌우된다.

중문의 경우 설치할 공간이 약 2m 이상으로 충분한 여유가 있을 경우에는 〈그림 1〉과 같이 대개 미닫이를 사용하게 된다. 그러나 공간이 좁아 여닫이를 사용하게 될 경우에는 열고 닫는 방향에 유의해야 한다. 대부분의 현관문은 외부로 여닫기 때문에 관계가 없지만 중문은 여닫는 방향에 따라 현관의 활용도가 크게 좌우된다. 특히 〈그림 2〉와 같이 현관 쪽으로 중문을 여닫을 경우에는, 문을 여닫는 범위는 쓸모없는 공간이 되어 버린다. 뿐만 아니라 벗어둔 신발이 문을 여닫을 때 걸리지 않아야하므로, 현관의 바닥은 중문의 문턱보다 적어도 10cm이상 낮아야 한다. 너무 낮게 되면 드나드는데 오히려 불편함이 생긴다. 〈그림 3〉과 같이 실내 쪽에 벽체가 있을 경우에는, 실내 쪽으로 여닫게 되면 현관의 활용도가 한결 높아진다. 〈그림 2〉와 〈그림 3〉의 경우에서 현관의 활용도를 높이기 위해 여닫이 대신 미닫이를 쓸 수 없는 이유는, 문을 완전히 열었을 때 드나들 수 있는 폭이 최소 80cm가 되지 않기 때문이다. 최소 폭 80cm가 갖는 의미는 다음에 설명된다.

실내문은 인테리어의 기본이다

건축에 있어 창호라는 용어가 자주 사용되는데, 이는 창과 문을 통칭한 것이다. 공간과 공간을 구분함과 동시에 필요에 따라 두 공간을 연결하는 것이 창호의 기능이다. 주택에서의 창호는 그 기능뿐만 아니라 실내장식과 건물외관에도 매우 중요한 부분을 차지한다.

일단 창은 제외하고 문에 대해서 알아보자. 건축에서 문은 설치 위치에 따라 외부문과 실내문으로 나눌 수 있다. 외부문은 용도에 따라 현관문과, 테라스나 발코니로 출입하는 문 Patio Door(파티오 도어)으로 구분할 수 있다. 이외에도 창고나 보일러실 등에 보편적으로 사용하는 방화문이 있다.

호칭	문틀 외부 치수 가로×세로(mm)	용도
900문	900×2,100	일반 방문
·	1,000×2,100	넓은 방문
800문	800×2,000	화장실, 다용도실
·	800×2,100	방문과 문틀 높이 일치

실내문은 말 그대로 실내의 공간을 구분하기 위해 사용되는 문으로, 앞뒤로 열고 닫는 여닫이와 좌우로 미는 미닫이가 있다. 실내의 방문은 여닫이가 대부분을 차지하고 있다. 일반적으로 실내 여닫이문은 재질과 관계없이 몇 가지로 규격화되어 판매되고 있다.

위 치수 외에는 별도의 주문에 의해 제작되는데, 주문 제작일 경우는 제작비가 만만치 않다. 따라서 실내문은 특별한 경우를 제외하고는 규격품을 사용해야 하며, 규격품 설치가 가능하도록 공간 확보에도 염두를 두어야 한다. 여닫이 실내문으로 일반화되어 있는 900문의 경우, 문을 완전히 열면 실제 통행할 수 있는 가로의 폭이 문틀 두께를 제외하면 80㎝를 조금 웃돌게 된다. 그래서 대부분의 가전제품이나 가구 등이 아무리 대형화 되어도 80㎝를 통과할 수 있게 만들어져 있다. 앞의 현관 중문에서 언급한 것처럼 이 80㎝는 일반적이면서도 무시할 수 없는 치수가 되는 것이다.

근래에는 방문을 여닫는 방향이 대부분 방의 내부로 향하게 한다. 이는 방문을 여닫을 때 필요한 공간이, 거실이나 주방 등에 영향을 미

● 여닫이문의 위치

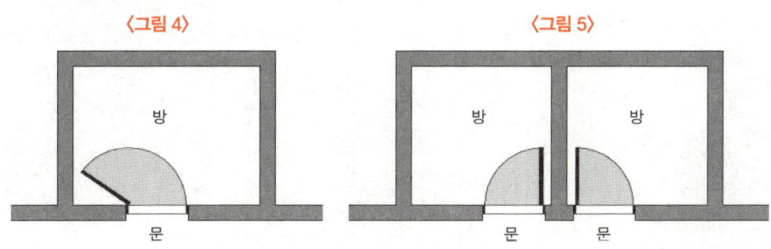

치는 것을 줄이기 위해서이다. 또한 여닫이문의 위치가 〈그림 4〉와 같이 방 벽체의 가운데 부분일 경우와, 〈그림 5〉처럼 방의 구석일 경우가 있다. 여닫이 문일 경우 문짝의 회전으로 인해 생기는 쓸모없는 공간을 최소화하고 출입에도 지장이 없는 〈그림 5〉의 형태가 될 수 있게 해야 한다.

〈그림 5〉에서 두 문을 보면, 문의 손잡이 위치가 좌우로 서로 다르다. 간혹 어떤 이는 문의 열리는 방향에 섰을 때, 오른손으로 문의 손잡이를 잡고 오른쪽으로 열어야 된다고 주장하는 경우가 있다. 즉 〈그림 5〉에서 보면 좌측문은 잘못된 것이고 우측문이 제대로 된 방향이라는 것이다. 하지만 이는 기우에 불과하다. 아파트의 경우, 서로 이웃하는 세대는 일반적으로 구조가 대칭이다. 이에 따라 모든 문의 열고 닫는 방향 역시 좌우가 바뀌어 있다. 그런데도 대부분의 사람들이 실생활에는 별로 불편함을 느끼지 않는다.

실내문의 바닥 문턱을 없애는 것이 또한 근래의 추세다. 바닥 문턱

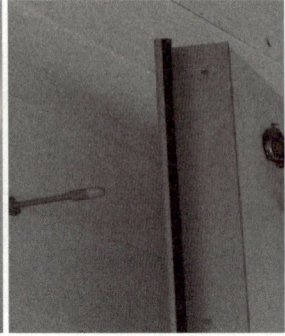

여닫이문의 간단한 보호 장치

이 없으면 출입이 보다 자연스럽고 청소기의 이동이 원활하면서 바닥이 산뜻해져 보기에도 좋다. 단점은 문턱이 있는 경우와 비교해서 차폐성이 떨어지는 것이다. 또한 문턱이 없을 경우 바닥 마감에 각별히 신경을 써야 한다. 바닥이 평탄하지 못하면 여닫을 때 문짝이 바닥에 닿을 수도 있고, 문을 닫았을 때도 바닥과 간격이 커질 수도 있다.

여닫이문의 경우, 문을 열면 벽에 손잡이가 부딪히게 된다. 특히 바람의 영향을 받는 외부문은 조금만 강한 바람에도 문이 벽에 부딪히거나 심한 소리와 함께 닫힐 수도 있다. 손잡이가 쉽게 망가질 뿐만 아니라 문짝은 물론 벽체가 심하게 손상되기도 한다. 이럴 때 위와 같은 간단한 장치만 부착해도 문과 벽체를 쉽게 보호할 수 있다.

앞에서 언급한 현관의 중문이나, 주방과 거실 사이에는 미닫이문을 설치하는 경우가 있다. 대개의 미닫이문은 공간을 구분하기 위한 용도뿐만 아니라 실내공간을 돋보이게 하는 인테리어의 의미도 포함되

3연동 미닫이문

6연동 미닫이문

어 있다. 그래서 미닫이문은 넓은 공간에 설치되는 것이 일반적이다. 일정한 규격을 가지는 실내문의 경우, 자재비는 크기와는 관계없이 문짝의 수와 비례한다. 미닫이는 하나의 문틀에 보편적으로 2개 또는 4개의 문짝으로 구성되어 있어 여닫이에 비해 자재비가 2배 또는 4배가 된다. 그리고 아무리 넓은 미닫이인 경우라도 완전히 개방되는 부분은 문의 반밖에 되지 않아, 실내 공간이 다소 협소하게 느껴지게 된다. 이런 단점을 보완한 것이 문짝의 크기를 2/3로 줄이는 대신 문짝의 수를 1개씩 추가한 후 2개의 문짝이 함께 움직이는(연동하는) 3연동 또는 6연동 미닫이문이다. 물론 문짝의 수와 비례하여 자재비는 증가하게 된다. 연동 미닫이의 경우 완전히 개방되는 부분이 문의 2/3 정도나 되어, 일반 미닫이보다 넓은 공간을 제공하게 된다. 설치공간이 1.5m 정도인 현관 중문의 경우, 여닫이 대신 3연동 미닫이문을 사용하면 자재비는 증가하지만 효율성과 함께 실내 장식의 효과를 얻을 수 있다.

협소한 방이나 작은 드레스룸과 같이 여닫이문마저 설치할 공간을 확보하기 힘든 장소는 문짝이 하나인 외미닫이를 사용할 수도 있다. 외미닫이문은 시공이 까다롭고 밀폐성도 그다지 좋지 않다.

주방과 다용도실

아파트나 도시 단독주택의 일반적인 주방을 보면, 창이 없는 밀폐된 공간에 싱크대가 있고 벽면 높은 곳에 그릇들을 보관하는 수납장이 붙어 있다. 간혹 창이 있다 해도 채광보다는 환기가 목적이어서, 크기도 별로 크지 않아 창이라기보다는 환기구에 가깝다. 이는 최소한의 좁은 공간을 활용하여, 주방의 조리기능과 주방기구들의 저장기능을 최대한 살린 전형적인 도시건축의 산물이다. 조리하고 섭취하는 것을 생활에 필수적인 요소로써만 본다면 아파트를 포함한 도시의 이러한 주방형태는 아주 효율적이라 할 수 있다.

상부수납장을 없애고 창을 단 주방

    만약에 전원주택을 계획하고 있다면, 주방의 기능을 재고해 볼 필요가 있다. 하루의 일과 중에서 취침 시간과 옥외 활동 시간 외에도, 조리하고 먹고 설거지하는 주방에서의 활동시간이 결코 적은 시간이 아니다. 그러므로 일반적인 주방의 편리한 기능을 그대로 유지하면서 쾌적함을 추구해야할 필요를 느끼게 된다.

    이것은 아주 간단하다. 편리한 기능이 고루 갖추어진 싱크대는 그대로 이용하고, 단지 불편한 것만 없애면 그만이다. 바로 싱크대 위쪽에 위치하여 온갖 그릇들을 보관하고 있는 '상부수납장'이 그것이다. 상부수납장은 비교적 높은 곳에 위치하고 있기 때문에 일상적인 사용이 여의치 못하다. 따라서 상부수납장에는 빈번히 사용하는 그릇보다는 어쩌다 한번 사용되는 그릇들이 주로 보관되고 있다. 사용빈도수가 적은 이 상부수납장을 다른 곳으로 보내면 된다. 아파트나 도시의 주택에 비해 공간적으로 여유롭기 때문에 가능하다. 그리고 그 자리에 큼직한 창을 달면, 좁고 답답하던 주방이 환하고 쾌적한 공간으로 탈바꿈하게 될 것이다. 그리고 넓은 창밖으로 보이는 자연은 덤이라 생각해도 좋다.

전원주택에서 거실이나 주방 못지않게 필요한 공간이 다용도실이다. 많은 선반을 설치하면 잡다한 물건들을 보관하는 창고가 되고, 세탁기가 들어가면 세탁실 역할도 하게 된다. 내부구조를 적절히 하면 보일러실도 겸할 수 있다. 말 그대로 한 공간을 여러 용도로 사용하는 곳이 다용도실이다. 그리고 무엇보다 보조싱크대와 보조조리시설의 설치를 적극 권한다. 김장이나 명절, 집안의 큰 행사와 같이 주방만으로 감당하기 힘든 경우에는 아주 유용한 공간이 된다.

합리적인 지붕의 단열

4계절이 뚜렷한 우리나라는 자연의 다채로움으로 늘 풍요롭다. 반면에 현대의 주거문화와 관련해서는 여름에는 냉방이, 겨울에는 난방이 거의 필수적이다. 온난화가 가속화되는 지구를 보호한다는 거창한 명목보다는, 가계지출의 많은 부분을 차지하는 냉난방비의 절약과 특히 난방시설의 유지관리 측면에서 관심을 기울일 필요가 있다. 지열 냉난방과 같은 자연을 이용한 시설을 사용하면 좋겠지만, 적지 않은 시설

● 지붕단열과 천장단열- 하절기 지붕열에 의한 실내의 영향

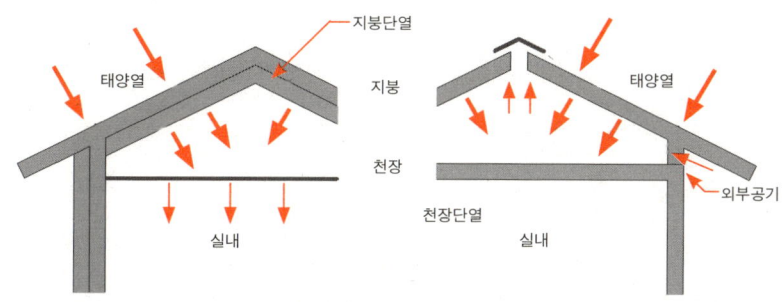

● 지붕단열과 천장단열- 동절기 실내 열손실

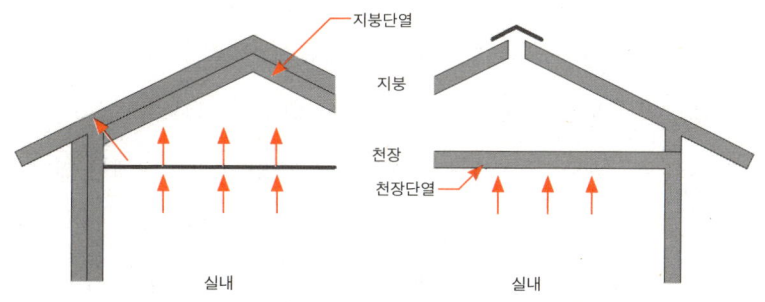

비용이 부담이 되는 것이 사실이다.

　한여름 거대한 도시 전체를 뒤덮고 있는 더운 공기로 인한 열섬현상이나 밤에도 잠을 이루기 힘든 열대야와 같은 자연현상은 지표면을 뒤덮고 있는 공기 자체의 온도상승에 기인한 것이다. 이런 경우에는 공기 전체를 식히든지 아니면 선선한 공기로 교체 할 수밖에 없는 데, 이는 인간의 능력 밖의 일이다.

환경오염이 없었던 시절의 한옥과 초가집의 경우, 아무리 뜨거운 햇볕이 내리쬐어도 집안은 선선했다. 건물의 윗부분에 위치하고 있는 지붕의 표면은 여름 햇볕에 장시간에 걸쳐 직접적으로 노출되는 부분이다. 한번 뜨거워진 한여름의 지붕은 낮뿐만 아니라 밤에도 건물내부의 온도를 상승시키는 화덕과 같은 역할을 한다. 따라서 지붕의 단열을 철저히 해야 한다. 그러나 많은 비용을 들여 지붕의 단열을 2중 3중으로 해도, 비용 상승과 단열효과가 비례하여 증가하지는 않는다. 전통한옥의 기와지붕이나 초가지붕처럼 마감을 할 여건이 되지 않는다면, 목구조주택에서 사용하는 지붕의 구조를 고려해 볼 필요가 있다. 그림과 같이 지붕이 아닌 천장을 단열처리 하여, 지붕 아래의 더운 공기를 외부로 배출할 수 있게 하는 구조가 바로 그것이다. 이렇게 하면 하절기에는 지붕에 의해 더워진 천장 내부의 열기가 실내에는 영향을 주지 못하고, 동절기에도 따뜻한 실내열의 손실을 막을 수 있다. 단열구조의 단순한 변경만으로도 냉방비용은 물론 난방비용까지 절약할 수 있는 2중의 효과가 있다. '여름에 시원한 집이 겨울에는 따뜻하다.'라는 말이 틀리지는 않다.

무시당하는 보일러실

건축을 하면서 느낀 점은, 우리나라 주택의 난방구조상 보일러가 필수적인 것은 누구나 인정하면서도 보일러실의 설치를 다분히 무시하는 경향이 많다는 것이다. 재래식 아궁이를 이용하는 온돌 난방인 경우

보일러실 겸 창고

에도 온수 공급을 위해서는 소규모일지라도 보일러는 반드시 필요하다. 그럼에도 불구하고 건축비를 아낀다는 이유로 또는 건축면적에 보일러실을 포함하는 것이 뭔가 손해라는 인식이 강해서 보일러실의 시설을 경시하거나 무시하는 경향이 많다. 그래서 보일러를 건물외부에 노출시킨 상태로 설치하고, 준공검사가 끝난 후에 보일러 주위를 감싸는 벽체와 지붕을 시설하는 것이 보편화 되어 있는 것 같다. 규모가 큰 화목보일러 등과 같이 일반적인 문으로 보일러가 통과 할 수 없는 경우에도 추후에 보일러실을 시공하는 방법을 사용한다.

 이런저런 이유로 보일러실을 추후에 시공할 경우, 외부 설치에 따른 온수관의 길이가 연장되어 발생되는 열손실은 무시하더라도 건축비의 절약이나 건물의 외형에는 전혀 도움이 되지 않는다. 건폐율이나 용적율에 의해 제한을 받아 건축면적에 보일러실을 설치할 공간이 부족하다면 어쩔 수가 없지만, 추후에 보일러실을 시공한다고 하여 자재비나 시공비가 절약될 수는 없다. 오히려 잘 마감된 건물의 외형을 망치게 되는 경우가 다반사다. 건축비 절약이라는 의미는, 3.3㎡당 건축비를 보일러실에도 일률적으로 적용한 결과일수도 있다. 다음에 언급하겠지만 자재비를 감안한 건축비 산정이라면, 보일러실 시설과 건축비 절약은 아무 관계가 없다. 보일러의 규모가 커서 설치에 문제가 있다면 보일러실문을 양쪽으로 여닫을 수 있는 양 여닫이문으로 하면 된다. 양 여닫이문을 설치하면 나중에라도 보일러의 수명이 다하게 되면, 벽체에 손상을 주지 않고도 원활한 보일러의 교체가 가능하다. 또한 보일러실의 여유 공간은 보일러자체의 열만 가지고도 겨울에 얼지 않는 창고로도 충분히 활용할 수 있다. 이와 같이 보일러실은 무시될 공간이 아니라 주거생활에 없어서는 안 될 주택의 필수공간이다.

건축의 첫걸음 - 견적

설계도면이 완성되면 실질적인 착공이 가능하게 된다. 건축주가 직접 집을 짓지 않는다면 시공업체나 개인에게 시공을 의뢰하게 되는데, 이처럼 시공을 의뢰하는 것이 발주다. 발주를 하기 위해서는 건축주와 시공자가 서로 인정할 수 있는 합리적인 공사금액이 필요하다. 이 공사금액은 시공자가 제시하는 견적을 근거로 하게 된다.

견적서를 보면 총공사비와 함께 시공내용도 알 수 있다

건축주는 설계도면이 완성되면 적어도 둘 이상의 시공자에게 의뢰하여 견적을 받는 것이 일반적이다. 시공예정자는 설계도면을 기준으로 각 공정별 소요되는 자재의 규격과 소요량을 산출하게 된다. 이렇게 하여 자재비를 포함한 각 공정별 인건비 및 부대비용이 결정되어진다. 견적서의 내용에는 자재비와 인건비, 부대비용뿐만 아니라, 시공의 범위, 예상 공사기간까지도 포함된다.

건축주는 둘 이상의 견적서를 비교하여 최종 시공자를 지정하고, 견적내용을 조절하여 최종 건축비를 결정하게 된다. 최종적으로 시공자를 결정할 때는 물론 견적금액을 무시할 수 없지만, 시공자의 시공실적에 보다 중점을 두어야한다. 시공실적과 함께 하자발생 빈도도 확인해보는 것이 좋다. 많은 시공경험과 저렴한 건축비에도 불구하고, 하자 발생이 빈번하다면 예삿일이 아니다.

견적서 내용을 검토할 때 가장 염두에 두어야 할 것은, 제시된 견적금액만을 단순비교해서는 안 된다는 것이다. 견적금액이 상대적으로 낮다고 좋은 것은 결코 아니다. 일반적으로 자재의 소요량이나 이에 따른 인건비, 부대비용 등의 부분에서는 시공자 간에 큰 차이가 없다. 견적금액에서 차이가 날 수 있는 부분은, 사용될 자재의 규격뿐만 아니라 등급에 따른 자재비 차이가 대부분이다. 사용된 자재의 수량이 같다 해도 규격이 다를 경우에는 자재비 차이는 물론이고 건물의 내구력과도 관련이 있다. 또한 비록 동일한 규격이라 해도 등급이 다르면 자재비 역시 달라질 수밖에 없다. 일례로 요즈음 흔히 사용되는 수입 시스템창호의 경우 창호의 규격이 같아도 수입지역에 따라 가격과 품질이 현격한 차이가 있다. 사용되는 자재의 규격이나 등급은 필요에 따라 시공자의 조언과 함께 건축주가 선택해야 할 부분이다.

견적서비교 시 유의할 점

시공자가 선정되고 시공자가 제시한 견적금액을 일부 조정하게 되는데, 견적 내용 중 반드시 명확하게 해야 할 부분이 있다. 싱크대, 타일 및 위생도기, 벽지와 실내바닥 마감재, 조명기구 등이 그것이다. 경우에 따라서는 보일러도 해당된다. 이들은 종류가 다양할 뿐만 아니라, 자재비도 천차만별이다. 완벽한 설계도면일지라도 이들 제품의 종류까지 표시하여 건축주의 취향을 반영하기에는 한계가 있다. 물론 아파트의 모델하우스처럼 적용될 제품을 전시할 수 있다면 가능하다. 따라서 시공자의 견적에도 이들 제품들은 가장 일반적인 수준을 감안하여 자재비와 시공비를 적용하거나, 자재비는 아예 제외시키고 시공비만 적용하기도 한다. 전자의 경우는 제품이 결정되고 자재비의 증감이 현저할 경우에는 이를 별도로 정산한다. 후자는 건축주가 직접 제품을 구매하고 설치는 시공자가 하는 경우다. 이를 명확히 하지 않은 상태라면 건축 끝 무렵에 가서 건축주와 시공자간에 분쟁의 소지가 되기도 한다. 건축주 입장에서는 더 좋은 것을 요구하게 되고, 시공자 입장에서는 애초에 목표한 실 건축비를 초과하게 되면 난감해질 수밖에 없기 때문이다.

견적서 내용 중 간과하기 쉬운 것은, 견적서도 유효기간이 있다는 사실이다. 일반적으로 견적의 유효기간을 '견적서 작성일로부터 00일간' 등으로 표시하는데, 이는 자재비의 변동을 감안한 것이다. 동일한 견적내용이라 하더라도 시일이 지나면 물가 변동으로 인해 견적금액이 달라질 수밖에 없다. 특히 봄이나 가을은 건축의 성수기라 볼 수 있는데, 이 기간에는 건축에 관련된 자재비의 변동이 심하다. 그래서 착공이 확실히 결정되면, 필요한 자재를 미리 확보하여 자재비 상승으로 인한 건축비 증가를 사전에 방지하기 위하여 견적서에 유효기간을 표시하는 것이다.

견적서는 단순히 예상건축비만을 표시한 것이 아니다. 설계도면에 근거하여 어디에, 어떤 종류의 자재를, 어느 정도 사용하여, 언제까지 작업하겠다는 시공계획서라고 생각해도 무방하다.

3.3㎡당 단가를 적용한 견적의 허상

앞에서와 같이 자재비와 이에 따른 인건비를 결정하는 견적 방법 외에, 3.3m^2당 단가를 건축면적에 적용하는 견적 방법이 있다. 이는 견적 방법이 아주 간단하다는 장점이 있는 반면에, 건축비와 관련하여 많

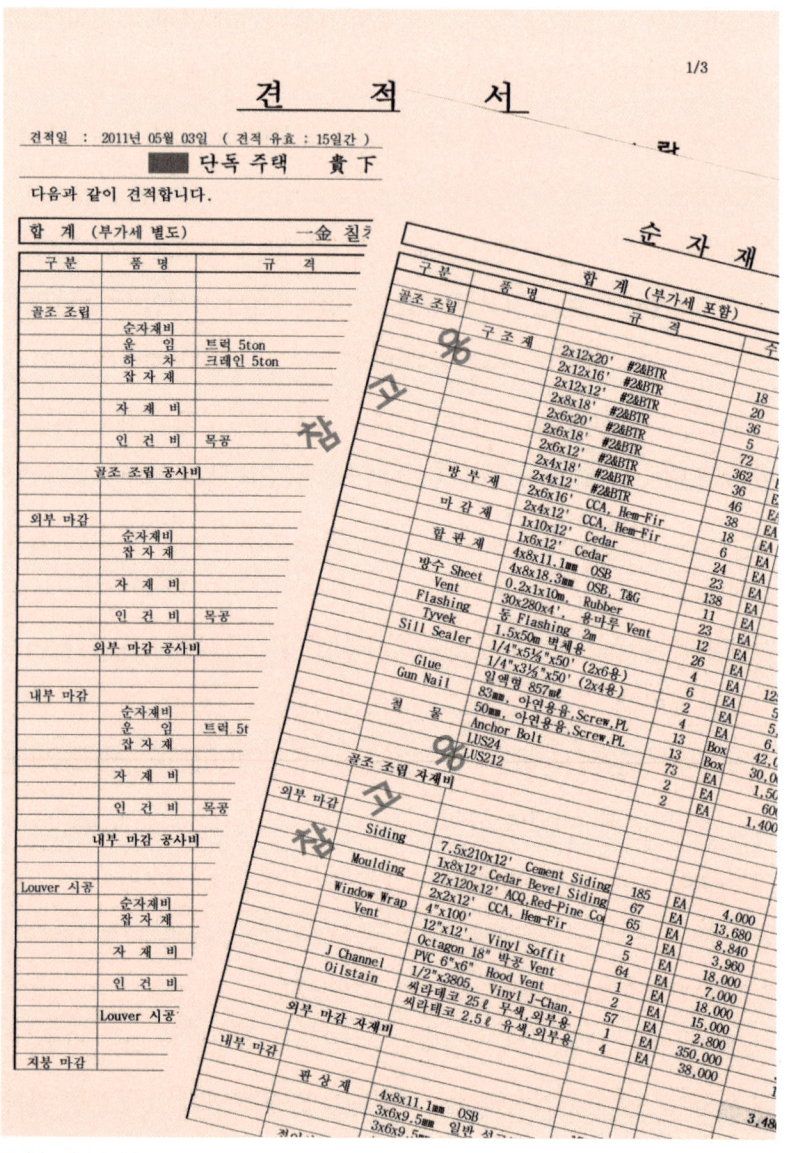

공정별로 상세한 내역을 표시한 견적서

은 문제점을 가지고 있다.

건물의 연면적이나, 구조, 형태가 동일해도 사용자재의 규격이나 등급에 따라 자재비는 천차만별이다. 또한 건물의 연면적과 외부형태가 같고 사용되는 자재의 규격이 아무리 동일해도 방의 수와 같이 내부 구조가 바뀌면 사용되는 자재의 양과 함께 시공인건비가 달라질 수밖에 없다. 이처럼 $3.3m^2$당 단가를 일률적으로 적용하는 것은 합리적이라 볼 수 없다. 특히 건물의 연면적에 포함되지 않는 다락과 같은 공간은 더욱 애매모호하다. 다락 시공에도 자재와 그에 따른 인건비가 필요함에도 불구하고 연면적에 포함되지 않는다하여 $3.3m^2$당 단가에서 제외할 수만은 없다. 반대로 건축비에 포함시킬 때도 동일한 $3.3m^2$당 단가를 일률적으로 적용하는 것은 적절치 못하다.

계산하기 편하다는 이유만으로 $3.3m^2$당 단가에 의한 견적 및 계약으로 공사가 진행되었을 경우에 견적가와 실제 공사비의 차이가 없다면 무척 다행이다. 또한 실제 공사비가 견적보다 적게 들었다면 건축주 입장으로는 건축비의 과지출에 의한 손해로 끝난다. 그러나 실제 공사비가 예상 밖으로 많아질 경우에는 큰 문제가 발생할 소지가 많다. 시공자의 공사비 추가 요구는 건축주에게는 건축비 증가의 부담이 될 수밖에 없다. 만약 건축주가 계약을 근거로 추가 요구를 거절한다면 이윤추구가 주목적인 시공자는 조금이라도 손해를 줄이는 방법을 택하게 된다. 따라서 부실공사가 될 수밖에 없고, 최악의 경우 공사가 중단되는 사태도 발생할 수 있다.

3.3㎡당 단가를 기준으로 하는 견적은 과거 70~80년대 주택 건축의 일반적인 방법이었다. 그때만 하더라도 건축형태가 거의 비슷하고, 내부구조나 마감의 방법에서 선택의 폭이 다양하지 못했기에 가능했다. 지금처럼 건물의 구조가 다양해지고 자재 선택의 범위도 그때와 비교 할 수 없을 정도로 광범위하기 때문에 일률적인 단가 적용은 부적절하다. 3.3㎡당 단가는 초기에 건축을 계획할 때, 건축비를 예상하기 위한 절대적이 아닌 개략적인 참고자료일 뿐이다. 건축주도 설계도면에 의해 합리적인 견적을 거쳐 건축비가 결정되면 건축을 계획할 때 참고했던 3.3㎡당 단가에 의한 예상건축비는 마음속에서 지워버려야 한다. 간혹 예상건축비와 실제 견적금액이 많은 차이가 날 때도 있다. 이때는 견적내용을 자세히 확인하여 차이의 원인을 밝혀볼 필요도 있다.

  지금도 소규모 주택의 경우에 한해서 몇몇 공정은 이 3.3㎡당 단가를 기준으로 하는 견적의 방법을 쓸 수밖에 없다. 전기나 설비와 같은 공정은 주택의 규모가 크지 않다면 별도의 설계도면을 작성하기가 여의치 않기 때문이다. 이런 경우 견적금액도 물론 중요하지만, 시공 내용과 범위, 사용 자재의 종류와 규격 등 세세한 부분까지 명확히 하는 것이 좋다.

발주, 그리고 착공 준비

발주와 함께 공사가 시작되다

앞서 언급했듯이 공사를 시공자에게 의뢰하는 발주가 있게 되면, 공사금액과 공사범위, 공사기간 등의 내용을 정하여 계약과 함께 도급都給이 이루어진다. 계약에 의하여 공사를 도맡아 한다는 뜻의 도급은 착공부터 준공까지의 공사 일체를 한 시공자에 발주하는 일괄도급과, 공정별로 별도의 시공자에게 각각 발주하는 분할도급이 있다. 이외에도 건축주가 공정마다 필요한 작업자들을 직접 선택하고 작업지시를 하여, 시공자체를 건축주가 직접 관여하는 건축주직영直營의 형

목구조주택 시공현장

태가 있다.

　건축비는 크게 자재비와 인건비로 구분할 수 있는데, 일괄도급의 경우에는 자재비와 인건비 모두가 포함된다. 분할도급 역시 자재비와 인건비가 포함되지만, 공정에 따라서는 건축주가 자재를 직접 구매하고 인건비만 도급이 될 수도 있다. 도급이 아닌 건축주직영이 될 경우 자재구입은 건축주가 직접 하는 것이 당연할뿐더러, 인건비는 작업자별로 지급하는 일급 日給 과 작업자의 숙식비까지 포함된다.

　일괄도급 혹은 분할도급일 경우에는 계약에 의해 정해진 공사의 내용이 완성되어야 계약된 공사대금을 지불하는 것이 원칙이다. 해당 공사 중에 발생하는 손해는 도급을 받은 시공자가 부담해야 한다. 뿐만 아니라 완공이 되고 나서도 일정기간 내에 하자가 발생하면 재시공은 물론이고 재시공으로 발생하는 비용까지도 시공자가 부담해야한다. 그러므로 시공 중에 공사내용이 변경이 되는 경우에는 변경이 되는 시점에 공사비의 증감이나 책임의 범위를 계약내용에 추가해야 할 필요가 있다. 이에 반해 건축주직영의 경우는 시공 중이나 시공 후에 발생하는 하자에 대해 작업자에게 책임을 물을 수가 없다.

날일(日給)에는 정승이고 도급에는 귀신?

일괄도급이 주택 건축의 가장 일반적인 형태다. 시공 중의 공정관리나 완공 후에 있을지도 모르는 하자까지도 건축주가 신경을 쓸 필요가 없는 것이 가장 큰 장점이다. 대신에 이런 관리와 책임이 건축비에 감안되어야 하므로 분할도급에 비해 건축비가 커진다.

건축비를 다소 절약하면서 내 집을 내가 짓는다는 성취감을 위해서는 분할도급도 좋은 방법이다. 분할도급은 일괄도급에 비교하여 시공 중에도 건축주의 의견반영이 비교적 용이하다. 그렇지만 연관되는 공정을 감안하여 작업이 서로 방해가 되지 않게 공정관리에 신경을 써야 하는데, 공정관리가 생각보다 쉽지는 않다. 시공 후에 하자가 발생하게 될 경우, 특정한 공정의 하자로 확인이 되면 다행이지만 그렇지 않을 경우 책임소재가 불분명하게 되는 것이 분할도급의 가장 큰 문제점이다. 하자의 원인에 대해 다른 공정 탓으로 돌리기가 쉬운 반면에, 특정한 공정의 잘못으로 증명하기는 어렵기 때문이다.

건축주직영은 도급에 비해 건축비가 가장 적지만 모든 공정관리나 작업방향을 직접 결정해야하는 어려움이 있으므로 건축 경험이 없는 일반인에게는 권장하고 싶지 않다. 어느 정도 경험이 있다하더라도 건축주직영은 자신 있는 일부의 한두 공정으로 제한을 둘 필요가 있다.

단순비교하면 건축주직영의 방법이 건축비용에서 가장 유리하다. 그러나 건축주의 경험이 많지 않다면 실질적인 건축비절감 효과는 기대하기 어렵다. 잘못하면 오히려 역효과도 날 수 있다. 도급일 경우는 거의 대부분 계약된 공사비보다 적은 비용으로 작업이 완료된다. 이는 시공자가 자재의 손실을 최소화하고 작업시간을 최대한 단축시켜 이윤을 극대화시키려고 노력하기 때문이다. 동일한 공정을 동일한 작업

건축공사 계약서

1. 건 축 현 장 :
2. 건축물 형태 :
3. 공 사 기 간 :   착공일로 부터   소요 예상.
   ※ 기상 및 자료 수급 상황에 따라 공사 기간이 변동 될 수도 있습니다.
4. 공 사 내 용 :   첨부 도면 및 견적서 참조.
5. 공 사 비 :   一金   만원 整 (₩   ) VAT 별도
   계약금 :   一金   만원 整 (영수확인 :   )
6. 공사비 지불 방법
   각 공정 착수시 해당 공정의 자재비(또는 공사비)를 先지급하며, 각 공정의 시공 완료시 해당 공정의 인건비 등의 잔액을 지급한다. 계약금은 _____의 일부로 전환한다.
7. 공사 관련 사항
   1) 공사에 필요한 제반 자재는 _____가(이) 제공(부담)한다.
   2) 작업자의 숙식비와 공사 관련 경비는 _____가(이) 제공(부담)한다.
   3) 첫 공정 착공 전에 발주인은 산재보험 가입을 완료한다.
   4) 시공중 발생하는 건축 폐기물 처리는 발주인이 부담한다.
      단, 시공과 관련하여 발생하는 폐기물은 시공자가 정리 정돈한다.
   5) 작업용 전기 및 용수는 발주인이 제공한다.
8. 기타 사항
   1) 시공 결함의 하자 보수 기간은 시공 완료일로부터 1년간으로 한다
      ※ (수공식 통나무 주택의 경우) 준공 후 원목의 완전 건조 과정에서 발생하는 원목의
        수축·뒤틀림·휨·균열, 원목과 벽체 사이의 틈새 발생은 하자로 보지 않는다.
   2) 발주인의 요청에 의한 시공중 설계변경이나, 재시공으로 자재비, 인건비가 추가될 수 있다.
   3) 별도 계약 사항 : 각종 인허가 업무, 준공검사, 철거, 토목공사, 기초공사, 조경공사, 정화조,
      전기(통신)공사, 설비공사(보일러), 상하수공사, 도장공사, 미장 및 타일 시공,
      벽지, 장판, 싱크대, 위생도기, 기타 본 계약서에 명시되지 않은 사항.
   4) 본 계약서에 명시되지 않은 부분 및 본 계약의 위반 또는 계약 파기로 인한 손해 배상은
      일반적인 관례에 따른다.

위 계약 내용을 확인하고, 본 계약서를 2부 작성하여 각각 1부씩 보관 한다.
20 년 월 일

발 주 인 :   (인)   시 공 자 :   (인)
(☎   -   )   (☎   -   )

수공식 통나무 주택, 목조 주택 전문 시공

도급 계약서의 일례

자에게 일급으로 지급하는 건축주직영의 경우에는, 도급과 같은 자재의 손실과 작업시간을 기대하기란 실질적으로 어렵다. 오히려 예정된 작업시간을 초과하는 경우도 생긴다. 일급으로 하는 작업에는 작업량이 정해지지 않기에 작업의 속도가 떨어지는 것은 인지상정이다. '날일日給에는 정승이고 도급에는 귀신이다.'라는 속담이 하루 이틀에 생겼겠는가?

   도급일 경우에는 계약서가 매우 중요하다. 특별한 계약양식이 아니라도 구체적인 계약내용을 반드시 문서로 작성하여 만에 하나 발생할지 모르는 문제에 책임소재를 명확히 밝혀두어야 한다. 공사내용과 시공범위를 비롯하여 공사대금과 그 지급방법, 착공일시, 공사기간 등은 기본적인 내용이다. 자동차 구매 시 보증수리기간이 있듯이, 건축에도 하자발생을 대비하여 준공 후 하자보수 보증기간이 있으므로 이에 대한 명시도 빠뜨려서는 안 된다. 계약해지, 공사의 지연이나 중단으로 인해 손해발생이 생겼을 경우에 책임소재와 보상방법도 언급이 되어야 한다. 시공 중에 발생할 수 있는 작업도구의 파손이나 분실과 같은 물질적 손실뿐만 아니라 인적인 안전사고, 자연재해에 대해서도 자세히 밝혀두어야 한다.

착공 전, 건축주의 마지막 준비물

건축을 할 토지의 경계점이 확실한가를 재차 확인해야 한다. 부지 조성 작업 중에 경계점이 유실되거나 옮겨질 가능성이 있으므로 확인이 필요하다. 만약 경계에 확신이 가지 않는다면, 지적공사에 의뢰하여 경계측량을 필히 해야 한다.

공사가 시작되면 중장비의 사용과 건축자재나 레미콘 운반을 위해 대형차량의 출입이 빈번하게 된다. 이런 차량의 진출입이 가능하도록 진입로의 확보가 필수적이다. 여기서 진입로의 확보란 차량의 출입에 필요한 도로의 폭만이 아니다. 현재 사용 중인 도로라 할지라도 개인 사유지를 침범하고 있는지를 확인하는 것이 더 중요하다.

농촌지역의 이면도로는 지적도와는 달리 개인의 사유지를 거치는 경우가 다반사다. 지역에 거주하고 있는 주민들을 통해 확인하는 것이 좋고, 만약 문제의 소지가 있다면 사전에 동의를 얻어야 한다. 지적도에 도로가 표시되어 있을 뿐만 아니라, 실제로 사용되는 도로라 하여 방심하다간 낭패를 당할 수도 있다. 지적도와 현황도로가 일치되지 않는 경우가 비일비재하기 때문이다. 막상 공사를 시작하려는 시점에 통행을 저지당하는 경우가 간혹 발생한다. 심한 경우에는 건축계획을 포기하는 경우도 있다. 법으로만 해결할 수 없는 기존 주민과의 대화가 중요하다.

진입로 문제가 해결되면, 마지막으로 공사 중에 사용할 전기와 물의 확보다. 건축현장 가까이에 기존 주택이 있을 경우에는 전기를 임대하는 것이 일반적이다. 그러나 전기요금 정산에 이견이 생기기도 하여, 가장 가까운 사이가 되어야 할 이웃이 사소한 전기요금으로 인해 껄끄러운 관계가 되기도 한다. 인접한 주택의 유무에 관계없이 공사 중에는 임시전기를 권한다. 임시전기는 전기면허업체를 통해 한국전력에 신청하면 바로 해결이 된다.

   조적조주택과 같이 습식공법뿐만 아니라 목구조주택과 같은 건식공법에도 물을 필요로 하는 공정이 있다. 지역의 상수가 공급되지 않거나 지하관정이 없을 경우에는 별도의 급수방법을 마련하여 공사 중에 필요한 물을 준비해야 한다.

6장
주택의 기본 하드웨어, 콘크리트 기초
철근콘크리트 기초의 기본구조와 형태에 의한 분류

모든 주택의 기본 하드웨어, 철근콘크리트 기초
콘크리트와 레미콘 | 레미콘에도 규격이 있다
철근콘크리트–콘크리트와 철근의 만남 | 철근의 종류와 표시 방법

철근콘크리트 기초의 기본 형태
기초의 기본–독립기초 | 지반의 침하와 동결을 감안한 기초

독립기초의 변형–줄기초
작업성을 고려한 기초의 다른 형태–줄기초
줄기초의 위치, 폭과 외부치수 | 줄기초와 기초슬래브와의 연결

또 하나의 기초–통기초
형태와 작업이 가장 단순한 기초–통기초
통기초가 적합하기 않는 경우

여기서는 철근콘크리트주택이나 라멘조 형태의 경우를 제외한, 오로지 철근콘크리트 기초의 기본적인 상식을 중심으로 설명한다. 특히 기초공사를 건축주직영으로 하는 경우에 참고가 되도록 했다. 이론이나 공학적인 측면을 간략히 하고, 현재 소규모 주택에서 일반적인 콘크리트기초로 시공되고 있는 형태를 중심으로 살펴보자.

모든 주택의 기본 하드웨어, 철근콘크리트 기초

주택의 종류에 관계없이 거의 모든 건축물에는 안정된 구조를 위해 기초가 필요하다. 건축에 있어서 가장 중요한 부분이 기초공사이며, 건축비에 있어서도 상당한 부분을 차지하고 있다. 또한 기초공사가 제대로 되지 않으면 사상누각이 될 수밖에 없을 뿐만 아니라, 하자가 발생한 기초는 보수가 거의 불가능하다. 따라서 건축 현장의 상태에 따라 허가된 건축사에 의한 설계와 거기에 따른 시공이 되어야 한다. 건축물의 구조가 철근 콘크리트인 라멘조나 콘크리트 주택의 경우는 반드시 건축사의 설계가 필수적이다. 그러나 소규모 주택에서의 기초 공사는 건축비 감축 등의 이유로 시공자의 경험에 의존하고 있는 경우가 대부분이다.

콘크리트와 레미콘

동일한 구조물에서 압축력에 대한 저항력, 즉 압축강도에서만 볼 때 철이나 암석이 상당한 압축강도를 갖고 있다. 그러나 건축자재로 사용하기에 철은 상당한 비용으로 부담이 되고, 암석은 가공이나 취급이 쉽지 않다.

모래, 자갈 등의 골재에 시멘트와 물을 섞어 거푸집에서 굳힌 콘크리트는 가공이나 취급이 용이하면서도 암석에 버금가는 압축강도를 가지고 있다. 철이나 암석에 비해 비용 측면에서도 유리하기 때문에 건물을 지반에 견고하게 지탱해야하는 기초의 자재로 콘크리트가 가장 일반적이다.

과거에는 현장에서 모래, 자갈, 시멘트를 적절히 배합하여 콘크리트를 직접 만들어 사용하였다. 현재는 인건비나 작업성, 그리고 균일한 배합강도를 유지하기 위해 공장에서 규격화해서 공급되는 것을 사용한다. 공장에서 제조한 콘크리트를 섞으면서 지정된 장소까지 운반하여 공급하는 굳지 않은 콘크리트를 레디믹스트콘크리트라 하며 줄여서 레미콘이라 한다.

콘크리트는 자그만 돌덩이의 골재와 함께, 이 골재와 골재를 접착시키는 접착제인 시멘트가 주성분이다. 골재는 크게 2가지로 구분이 되는데, 굵은 골재와 잔골재이다. 굵은 골재로는 강자갈이나 암석을 부순 쇄석을 주로 사용하는데, 굵은 골재의 성분이나 크기가 콘크리트의 압축강도를 좌우한다. 요즈음은 강자갈보다는 쇄석을 주로 사용하

콘크리트 타설 모습

는데, 자재 조달이 용이할 뿐만 아니라 표면이 거칠어 접착 면적이 넓어지므로 접착강도 면에서도 유리하다. 잔골재로는 모래를 사용하며, 굵은 골재 사이의 빈 공간을 채워 시멘트의 접착강도를 보완함으로써 굵은 골재의 압축강도를 유지시켜 주는 역할을 한다. 골재들을 서로 접착시키는 시멘트는, 분말 형태의 무기질 결합경화제이다. 이것은 물과 접촉하면 화학반응을 일으키며 굳어지는 성질이 있다. 이때의 화학반응 속도는 주위의 온도와 밀접한 관계가 있다.

여름에는 고온에 의한 화학반응으로 급하게 굳기 때문에 많은 균열이 나기 쉽다. 따라서 혼합이 된 레미콘은 신속히 타설해야 하며, 초기 양생 시 콘크리트표면에 충분히 물을 살포하여 최대한 균열을 방지해야 한다. 온도를 낮추기 위해 야간에 작업을 하거나, 혼화수를 냉각시키는 방법도 있지만 소규모 현장에는 적용하기가 쉽지 않다.

이와 반대로 추운 겨울에는 화학반응이 늦어져 콘크리트의 강도가 떨어지기 쉽다. 시멘트는 4℃ 이하가 되면 화학반응이 아주 서서히 진행된다. 더구나 -3℃ 이하가 되면 동결되어 화학반응이 일어나지 않아 콘크리트가 경화되지 않는다. 추운 겨울에는 타설 부위를 보온하여 더운 공기를 공급함으로써 주위 온도를 4℃ 이상으로 며칠간 지속시키는 방법이 있지만 이는 많은 비용을 부담해야 한다. 따라서 특별한 이유가 없다면 동절기 콘크리트 타설 작업은 피하는 것이 좋다. 시멘트몰탈을 사용하는 미장작업 역시 동절기를 피해야 한다.

레미콘에도 규격이 있다

레미콘도 사용 용도에 따라 사용 골재의 크기나 배합강도 등이 여러 가지다. 학계나 관련 협회 등에서는 5층 이하의 기초 용도로 25-18-120의 레미콘을 권장하고 있으나, 현장에서는 보편적으로 한 단계 위인 25-21-120 또는 25-21-150이 가장 많이 사용되고 있다. 나열된 숫자는 레미콘의 규격을 표시하는 것으로, 순서대로 '골재의 크기', '레미콘 강도(强度)', '묽은 정도'를 의미한다.

골재의 크기(mm) 사용되는 골재의 최대 크기를 표시하는 것으로, 19mm, 25mm, 32mm, 40mm 등이 사용된다. 클수록 압축강도에 유리하지만, 철근과 철근 사이 또는 철근과 거푸집 사이의 좁은 공간에 골재가 고루 분포되기 위해서 기초 용도로는 주로 25mm를 사용한다. 참고로 40mm이상의 골재는, 높은 압축강도를 필요로 하는 도로포장 등의 토목공사에 주로 사용된다.

레미콘 강도(MPa, 메가파스칼) 호칭강도를 표시한다. 호칭강도란 표준 양생 조건에서 28일간 양생한 후의 압축강도를 의미한다. 15MPa, 18MPa, 21MPa, 24MPa 등이 있으며 숫자가 클수록 압축강도는 커지지만 비례하여 비용도 커진다. 5층 이하의 기초 용도로는 18MPa을 권장한다. 종래에는 180kg/cm^2과 같이 세자리 숫자로 표시하였으나, 요즈음은 국제규격인 MPa(메가파스칼)을 사용한다.

$180 kg/cm^2 = 180 \times 0.098 MPa = 17.64 MPa ≒ 18 MPa$

묽은 정도, 슬럼프(Slump) (mm) 정해진 규격의 틀을 사용하여 콘크리트의 흘러내리는 정도를 치수로 표시한 슬럼프Slump로 반죽의 정도를 표시한다. 과거에는 cm단위를 사용하였으나, 미터법 사용이후로 mm단위로 표시한다. 80mm, 120mm, 150mm, 180mm, 210mm 등이 있는데 숫자가 클수록 진 반죽이 되어 작업성은 좋지만 가격이 비싸진다. 가격이 비싸지는 이유는, 슬럼프 값이 클수록 물의 양이 많아지고 강도를 유지하기 위해 그만큼 시멘트 등의 혼합재가 많아지기 때문이다. 기초 용도로는 120mm가 가장 많이 사용된다.

소규모 현장에서는 여건상 슬럼프를 확인하지 못하는 경우가 대부분이다. 따라서 레미콘 공장의 배합을 믿는 수밖에 없다. 참고로 현장에서 펌프카의 펌핑이나 타설 작업을 용이하게 할 목적으로 흔히 물을 타는데, 시멘트의 농도가 묽어져 양생 후 압축강도가 낮아지게 됨을 명심해야 할 것이다.

레미콘의 수량은 체적인 m^3로 표시되며, 레미콘을 운반하는 믹서트럭 1대의 경우 최대 용량은 일반적으로 $6m^3$이다. 지역에 따라서 차이가 있지만 대개의 경우 1~$2m^3$는 주문을 받지 않는다. 따라서 정화조 기초 등의 소량이 사용되는 부분은 기초 콘크리트 타설시 동시에 진행하는 것이 좋다.

m^3(세제곱미터, 입방미터)와 루베, m^2(제곱미터, 평방미터)와 헤베

건설 현장에서 자주 사용되는 루베와 헤베는 각각 일본식 한자의 발음인 立方米(立米, 류우베이), 平方米(헤이베이)에서 유래된 것 같다. 일본식 발음의 사용여부는 개인의 판단에 맡긴다.

철근콘크리트 - 콘크리트와 철근의 만남

굳어서 일정 시간이 지난 콘크리트는 누르는 힘, 즉 압축력에는 암석과 같이 상당한 저항력을 가지고 있다. 그러나 양쪽에서 잡아당기는 힘인 인장력에는 취약하다. 콘크리트는 시멘트의 접착력으로 그 형태를 가지게 되는데 인장력에는 한계가 있을 수밖에 없다. 콘크리트로 된 구조물은 형태나 사용되는 위치에 따라 압축력과 인장력을 받는 정도가 다르다. 기둥이나 벽체는 상부의 물체나 자체의 무게로 하중에 의한 압축력을 받음과 동시에 옆으로 미는 힘에 의하여 약간의 인장

● 구조물에 작용하는 압축력과 인장력

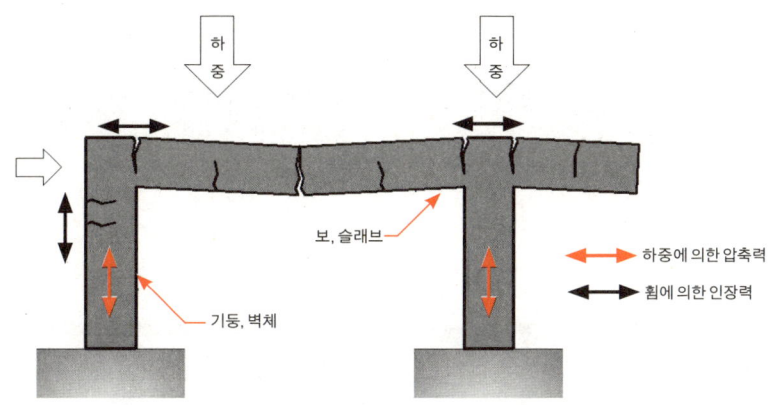

력을 받는다. 또한 보Beam나 슬래브Slab는 하중으로 인해 아래로 휘어지려하고, 그 부분에는 하중과는 직각이 되는 방향으로 인장력의 영향을 받는다. 슬래브Slabe란 1층이나 2층 바닥과 같은, 철근 콘크리트의 평평한 바닥판으로 상판床板이라고도 한다.

콘크리트의 취약점을 보강하기 위해 인장력이 강한 철근을 사용한 것이 철근콘크리트다. 철근을 사용하는 또 다른 장점은, 다른 소재에 비해 콘크리트와의 결합이 비교적 용이하다. 뿐만 아니라 모든 물질은 주변 온도의 변화에 따라 수축 팽창을 하게 되는데, 철근과 콘크리트는 팽창되는 정도가 비슷하다는 점이다. 따라서 그 결합부분은 온도의 변화에도 큰 영향을 받지 않는다는 것이다.

그러나, 철근을 많이 사용한다고 무조건 인장력이 보강되지 않는다. 그림처럼 콘크리트에 작용하는 인장력의 위치에 따라 콘크리트의 윗

● 중간, 위, 아래, 위아래 철근 보강

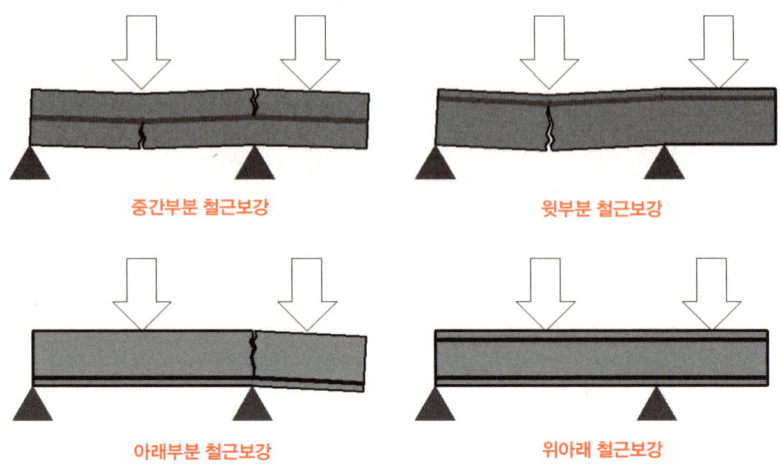

부분, 아랫부분, 또는 아래 위 양쪽에 보강하여야 최소한의 철근으로 최대한의 효과를 얻을 수 있다.

이처럼 인장력을 보강하기 위하여, 철근을 콘크리트의 표면으로 마냥 가깝게만 위치시킬 수는 없다. 철근의 부식을 방지하고 콘크리트와의 부착 강도를 유지하기 위해서는 철근과 콘크리트 표면 사이에 어느 정도의 거리를 두어야 하며, 이 거리를 피복두께라 한다. 콘크리트와 흙의 접촉 유무에 따라 콘크리트 피복의 두께는 달라진다. 흙에 접하는 기초, 지중보, 바닥 슬래브의 하부면은 최소 피복두께가 50~70mm이고, 흙에 접하지 않는 바닥 슬래브의 상부면은 최소 피복두께가 30~40mm이다.

철근의 종류와 표시 방법

앞에서 언급하였듯이 인장력이 약한 콘크리트를 보강하기 위해 철근을 사용하는데, 철근과 콘크리트의 온도에 의한 팽창 계수가 서로 비슷해 제대로 시공된 철근 콘크리트는 거의 완벽한 건축 구조물이 될 수 있다. 철근은 형태에 따라 2가지로 구분된다. 철근 표면에 마디가 없는 원형철근과, 표면에 마디와 리브Rib가 있는 이형철근이다. 일반적으로 철근이라 하면 이형철근을 지칭하며, 이형철근은 표면의 마디와 리브로 인해 콘크리트와의 부착력이 원형철근에 비해 훨씬 강하다.

● 이형철근의 표면 형태

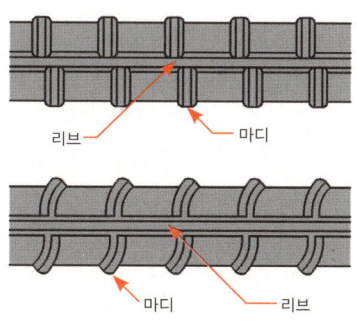

이형철근은 강도에 따라 몇 가지로 구분이 되는데, 소규모 건축물의 기초에는 흔히 일반바Mild Bar, 하이바Hi Bar로 통칭되는 2가지가 일반적이다. 철근은 원래 강도剛度, 특히 항복강도의 크기에 따라 분류를 하여 SD300, SD400 등으로 표기한다. SD는 이형철근을 의미하고 숫자는 최소 항복강도 $300N/mm^2$, $400N/mm^2$를 뜻한다. 일반바는 SD300, 하이바는 SD400이 되고, 단순 비교하면 하이바가 동일한 굵기의 일반바에 비해 약 30%정도 강하다는 뜻이다. 참고적으로 철근이 파괴될 때 일반바는 늘어나면서 끊어지지만, 강도가 강한 하이바는 변형이 거의 없이 바로 절단이 된다. 그러나 소규모의 시공에는 철근의 파괴되는 형태가 중요하지 않다.

  굵기는 외경(mm)으로 표시하며 8mm, 10mm, 13mm, 16mm, 19mm가 생산되고 있으나, 소규모 건축에서는 10mm, 13mm가 대부분 사용되고 있다. 길이 역시 6m에서 최대 12m까지 생산되지만, 8m가 일반적으로 유통되고 나머지는 별도 주문 생산된다. 일반적으로 건축물 자체 하중이 벽체에 고루 분산되는 구조인 통나무주택이나 목구조주택의 기초일 경우는 철근의 굵기가 10mm 정도이면 무난하다. 조적조주택이나 흙벽, 흙벽돌주택의 경우 하중이 벽체에 고루 분산되기 어려운 구조이면서 또한 자체의 하중이 비교적 무거운 편에 속하므로 벽체자리에만 철근의 줄 수를 추가하거나, 13mm정도로 보강하면 큰 무리가 없으리라 생각한다. 대개 철근은 톤(ton)단위 묶음으로 유통이 된다. 8m 1ton은 일반바나 하이바에 구분없이 10mm의 경우 210가닥이고, 13mm는 120가닥이 된다.

  철근의 규격을 도면이나 문서에 표시할 때는, 일반바와 하이바를 구분하고 직경을 표시하게 된다. 표시방법은 다소간의 차이가 있으나 대체적으로 다음과 같이 표기한다. 'D10 SD300'을 'SD300 D10'과 같이 표기순서가 다를 수도 있다.

일반바 10mm의 경우 D10, D10 SD300, D10 SD30

하이바 13mm의 경우 HD13, D13 SD400, D13 SD40

● 철근 옆면에 표시된 롤링마킹

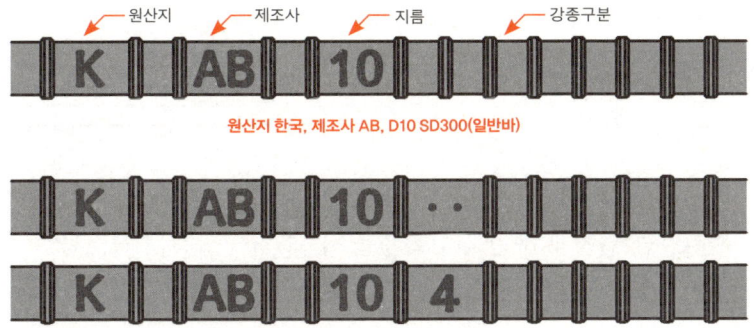

철근자체에 규격을 표시하는 방법으로, 종래에는 직경을 따로 표시하지 않고 철근 끝단면을 녹색과 황색으로 도장하여 일반바와 하이바의 구분만을 표시했다. 현재는 롤링마킹이라 하여 철근 측면에 1.5m 간격으로 원산지, 제조업체, 외경, 강도를 각인한다. $8mm$이하인 경우에는 측면에 각인이 어려워 종래의 색깔로 도장하기도 한다.

철근은 부식에 취약하여 쉽게 녹이 발생한다. 콘크리트속의 철근에 녹이 발생하게 되면, 철근 자체의 인장 강도와 콘크리트와의 부착력이 현저히 떨어지게 된다. 또한 부식이 진행되면 철근의 부피 팽창으로 인해 콘크리트의 파손이 초래될 수 있다. 철근부식의 원인은 보관과정에서의 수분에 노출되는 것 외에도, 콘크리트의 미세 균열 사이로 침투되는 수분이나, 염분이 완전히 제거 되지 않은 모래의 사용 등이 있다. 참고적으로 콘크리트를 타설할 때, 약간 녹슨 철근(중량비 약 5%미만)

은 새 철근보다 오히려 부착력이 크다는 국내외 연구 결과가 있다. 물론 녹이 많이 슨 철근을 말하는 것은 아니다.

구조물의 길이가 길어 철근을 이어야 할 경우, 가장 흔한 방법으로 철근을 일정 길이만큼 겹치게 하는 겹침이음을 사용한다. 이때 겹쳐지는 길이는 콘크리트의 강도나 철근의 두께 등 여러 요소와 보정계수에 의한 계산이 되어야 하지만, 일반적으로는 인장력을 받는 부분은 직경의 40배 이상, 압축력을 받는 경우는 직경의 25배 이상으로 하며 두 군데 이상 묶는다. 10mm철근의 경우 이어서 사용해야 할 경우 최소 400mm를 겹쳐야 한다. 이음 위치도 인접하는 철근과는 서로 엇갈리게 한다.

철근콘크리트 기초의 기본 형태

기초의 기본 – 독립기초

기초란 상부 구조물의 하중을 지반에 안전하게 전달하여, 상부 구조물을 견고히 지탱하기 위한 구조물이다. 지반은 겨울에는 얼어서 부피가 팽창하고 여름에는 물에 의해 다져지거나 유실이 되어, 변화가 심하다. 또한 지진이나 태풍으로 건물의 흔들림이 있을 수 있다. 이처럼

● 독립기초의 기본구조

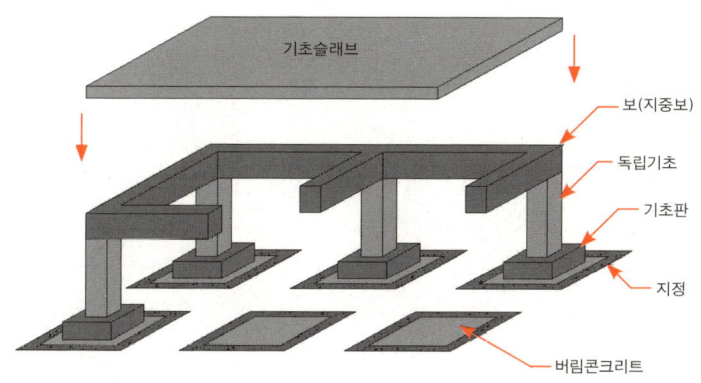

 가혹한 여건에도 구조물을 견고히 지탱하기 위해, 구조물의 하중을 지면에 골고루 분산시켜야 할 필요가 있다. 이를 위해 기초는 몇 가지의 기본구조를 가지고 있다.
 일반적으로 기초는 구조상 크게 지정과 기초판, 기초로 구분된다. 그러나 여기서는 나름대로 공정으로 구분하여 보와 기초슬래브를 추가하여 보았다.
 지정地釘은 지반을 보강하여 지반의 지지력(지내력)을 증가시키는 부분으로, 기초판에 가해지는 상부의 하중을 지반에 고루 분산시키는 역할을 한다. 원래는 연약한 지반을 보강하기 위하여 강관이나 콘크리트말뚝 등을 박는다는 뜻이지만, 대형구조물이 아닌 경우에는 지반의 상태에 따라 잡석이나 모래 등으로 지반을 다지는 것으로 지정을 대신한다. 아주 연약한 지반이 아닐 경우 지반다짐(흙다짐)으로 지정을 대

● 성토와 절토

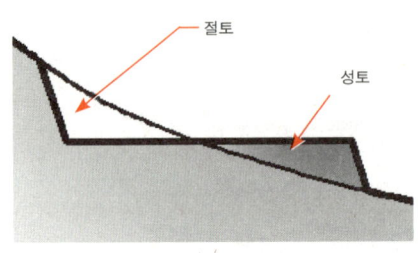

체 하는 경우가 일반적이다.

　버림콘크리트란 기초판보다 조금 넓게, 두께는 대개 50~60㎜정도로 평탄하게 타설하는, 말 그대로 '버리는 콘크리트'이다. 평탄한 버림콘크리트는 먹매김이나 거푸집 설치에 정확성을 제공한다. 또한 기초 콘크리트 타설시 콘크리트의 수분이 흙으로 흡수되는 것을 방지하여 콘크리트의 강도를 유지하며, 철근의 피복두께 유지를 용이하게 한다. 이런 면에서 명칭과는 달리 전혀 무시할 수는 없다.

　기초판Footing은 그 형태로 인해 현장 용어로 흔히 방석이라 부른다. 지반에 접하는 기초의 좁은 단면적을 크게 하여, 건축물의 하중을 지반에 넓게 분산시키는 역할을 하는 구조물이다. 기초판은 동결심도보다 아래에 설치하는 것이 원칙이다. 경우에 따라 성토한 부분이 동결심도 보다 깊어 지반침하가 예상될 경우, 기초판은 성토 아래의 원래 지반에 설치해야 한다. 성토盛土란 원래의 땅위에 흙을 쌓는 것 또는 흙을 쌓은 부분을 말하며, 반대의 뜻인 절토切土는 흙을 파내거나 파낸 부분을 일컫는다.

　기초는 상부 건축물의 하중을 기초판이나 지반으로 전달하는 기능을 가진 구조물이다. 사각 또는 원형의 기둥형태를 하고 있으며, 기초가 따로 분리되어 있어서 독립기초라 한다.

보Beam는 일반적으로 사각기둥을 눕혀놓은 형태로 주로 기초의 상단부에 위치하는 구조물이다. 기초와 기초사이를 잡아줄 뿐만 아니라, 상부 건축물의 하중을 여러 기초로 분산시킴으로써 부동침하를 방지한다. 또한 상부의 벽체나 슬래브를 안정되게 받쳐주는 역할도 한다. 일반적으로 기초에 연결되는 보는 대개 땅속에 위치하므로 지중보라 한다.

지반의 침하와 동결을 감안한 기초

터파기와 되메우기 과정에서 아무리 다짐을 잘해도, 어느 정도의 지반침하는 예상해야 한다. 특히 성토가 된 부분은 침하가 필연적이다. 구조물이 위치한 지반 전체가 일정하게 침하된다면 큰 문제는 발생하지 않는다. 그러나 대개 침하가 발생하면, 지반 전체의 구성이 일정하지 않으므로 침하의 정도가 부분적으로 다를 수밖에 없다. 이렇게 불균등하게 침하하는 현상을 부동침하不同沈下 또는 부등침하不等沈下라 말하며, 부동침하가 발생하면 구조물의 하중이 지반에 고르게 전달되지 않아 초기에는 기초의 균열이 발생하지만, 부동침하가 지속됨에 따라 기초의 절단 등 심각한 문제가 발생 할 수 있다. 따라서 기초는 건축물의 하중을 지반에 가능하면 넓고 고르게 분산시키려는데 역점을 두어야 한다. 특히 성토부분이나 연약지반의 경우에는, 단단한 지반이 나올 때까지 터파기를 하여 기초판을 설치해야 한다.

● 부동침하에 의한 기초의 균열

● 지반의 동결에 의한 기초의 균열

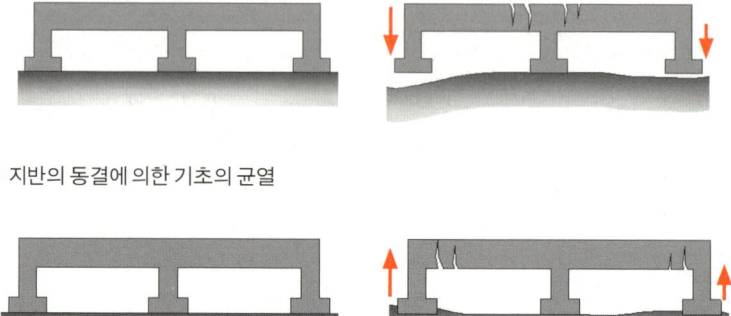

　이와 반대의 힘이 작용하는 것이 지반의 동결로 인한 부피 팽창이다. 기초판이 위치한 지반에 포함되어 있는 수분이 동결되면, 부피가 팽창되어 기초판을 위로 들어 올리려는 힘이 발생한다. 동결에 의한 부피 팽창의 정도가 기초판의 위치와 지반에 포함된 수분의 양에 따라 다르다. 따라서 부동침하와 반대의 현상으로 기초의 내구성에 영향을 주게 된다. 겨울철에 지표면으로부터 땅속으로 얼어 들어가는 깊이를 동결심도라 한다. 동결에 의한 지반의 부피 팽창에 영향을 받지 않기 위해 기초판은 동결심도 아래에 위치하여야 한다. 동결심도는 지역에 따라 다르며, 대개의 경우 남부지방은 60cm, 중부지방은 90cm, 북부지방은 120cm 정도이다. 확실한 동결심도는 그 지역 측량사무실이나 건축사무실에 문의할 수 있다.

독립기초의 변형 - 줄기초

작업성을 고려한 기초의 다른 형태 - 줄기초

독립기초는 독립된 기초판위에 하나의 기초가 형성되고, 기둥형태를 한 기초의 상부를 보로 서로 연결되는 것이 기본 형태이다. 이에 비하여 줄기초는 연속된 기초판위에 벽체 형태를 한 기초가 연속적으로

● 줄기초의 기본구조

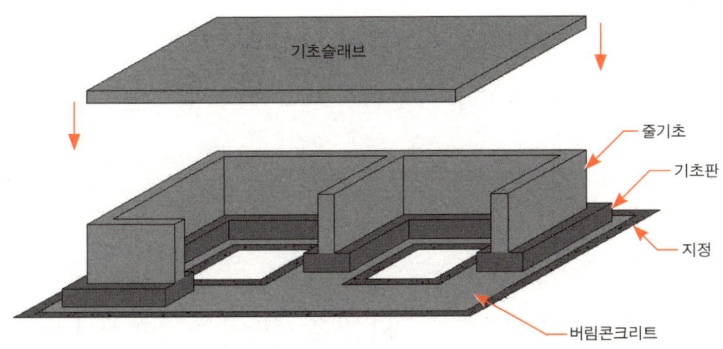

● 기초판이 없는, 일반적인 줄기초 시공 형태

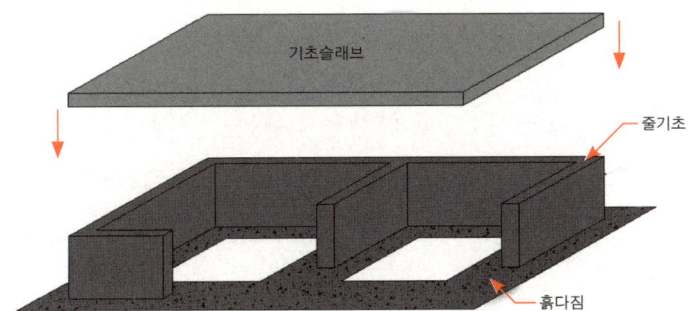

이어진 것이다. 기초의 모양이 줄을 지어 연속적인 모양을 하고 있어 줄기초 또는 연속기초라 한다.

'독립기초 설치 → 거푸집해체 → 되메우기 → 보 설치'의 복잡한 독립기초의 시공과정을, '줄기초 설치'의 한 공정으로 줄임으로써 인건비와 중장비 비용을 줄일 수 있는 잇점이 있다. 구조물의 하중이 비교적 적은 소규모의 건축에서는, 공사비를 줄일 수 있을 뿐만 아니라 시공자체도 상대적으로 간단하여 줄기초가 대부분이다. 부동침하와 동결심도를 고려하여 기초판의 위치는 독립기초의 기초판과 동일하다.

그러나 현실은, 흙다짐의 상태에서 기초판이 없이 바로 줄기초를 시공하는 것이 대부분이다. 기초판을 위해 거푸집과 철근을 설치하고 콘크리트를 타설하는 공정을 생략함으로써 인건비를 절약하기 위해서이다. 기초판은 기초에 가해지는 구조물의 하중을 지반에 넓게 분산시키기 위한 중요한 구조물이다. 그러나 2층 이하의 소규모 건축에서 공사비 절약을 목적으로 기초판을 생략하는 것이 거의 대부분이다.

줄기초의 위치, 폭과 외부치수

콘크리트주택이나 라멘조주택과 같은 경우는 건축사의 설계에 의해 줄기초의 폭이나 위치가 결정된다. 그 외의 일반적인 시공은 건물의 외벽 아래에 줄기초가 형성된다. 기초바닥이 넓은 경우에는 하중을 많이 받는 내벽의 아래에도 줄기초가 시공되어야 한다. 줄기초의 폭은

200mm가 가장 일반적이다. 조적조나 황토벽돌과 같이 벽체가 두껍고 벽체자체의 하중이 클 경우에는, 벽체의 두께를 감안하여 줄기초의 폭이 더 커져 300mm가 되기도 한다.

기초의 외부둘레 치수는 평면도의 치수에서 벽체의 두께를 합해야 한다. 평면도면에 표시되는 치수는 벽체의 중심선을 기준으로 한 것이다. 예를 들어 평면도에서 건물의 가로치수 3,000 세로치수가 2,000이고, 벽체 두께가 300mm라 한다면, 기초의 외부치수는 3,300과 2,300이 된다. 벽체를 마감하였을 때 빗물이 건물내부로 침투하는 것을

● 빗물의 침투

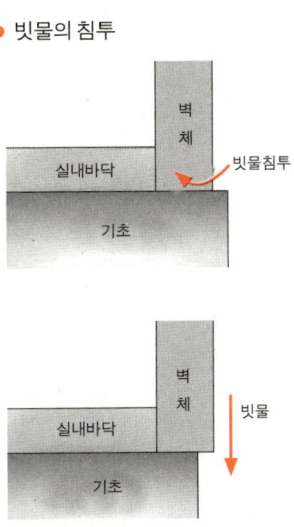

● 줄기초의 위치와 기초의 외부치수

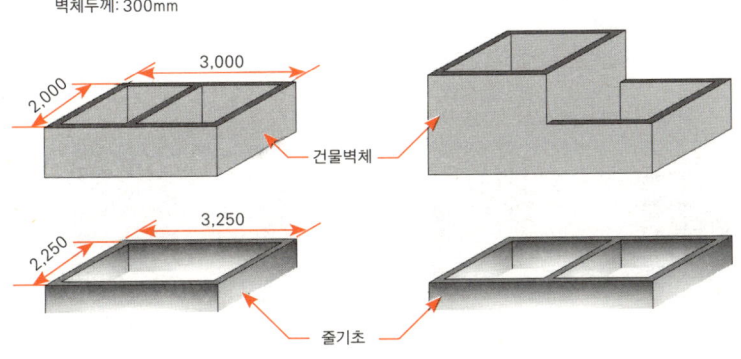

방지하기위해 약 50mm줄여서 3,250과 2,250으로 시공하는 것이 무난하다.

줄기초와 기초슬래브와의 연결
기초와 보 또는 슬래브가 연결되는 부분이나 줄기초가 직각으로 만나

● 철근의 정착

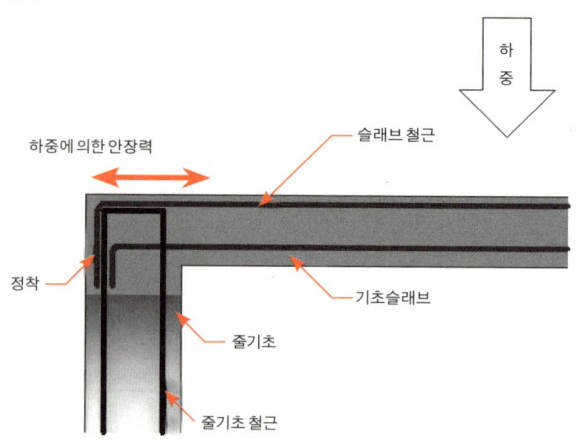

● 줄기초와 기초슬래브의 일반적인 정착

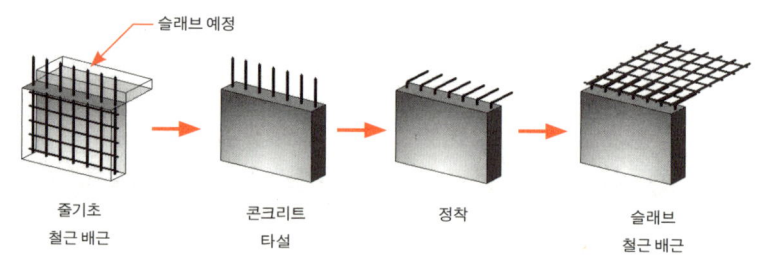

는 부분은, 철근의 끝단이 직각으로 닿게 되므로 강력한 인장력에 분리될 가능성이 있다. 콘크리트가 분리되는 것을 방지하기 위해, 연결되는 철근을 연장하여 구부려 설치하는 것을 정착이라 한다. 그때의 정착길이는 연결시키는 콘크리트에 묻히는 철근의 길이를 말하며, 인장력을 받는 부분은 직경의 40배 이상, 압축력을 받는 경우는 직경의 25배 이상으로 한다.

정착을 위해 기초슬래브의 철근을 하나씩 휘어야 하는 작업이 쉽지 않기 때문에, 시공비 절감을 이유로 줄기초의 세로 철근을 구부려서 정착을 대신한다. 줄기초의 세로 철근을 약 50cm정도 길게 하여 콘크리트를 타설한 후에 어느 정도 기초 콘크리트가 양생이 되면, 이를 구부려서 기초슬래브의 철근과 연결하는 방법으로 한다.

또 하나의 기초 – 통기초

형태와 작업이 가장 단순한 기초 –. 통기초

기초판과 기초, 기초슬래브를 합친 형태를 한 가장 단순한 기초이다. 기초판과 기초슬래브를 한꺼번에 합쳤다하여 통기초, 온통기초라 부른다. 바닥에 까는 매트와 같은 형태여서 매트Mat기초, 전면全面기초라 부르기도 한다.

　통기초의 원래 목적은, 지반이 연약하여 여러 개로 분산되어 있는

● 통기초의 기본 형태

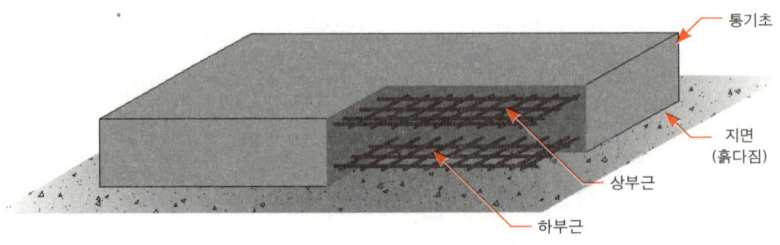

기초판으로는 구조물을 지지하기가 힘들 경우에, 지중의 여러 기초판을 하나로 합쳐 지반을 보강하기 위한 것이다. 즉 '통기초'가 아니라 '통기초판'인 것이다. 여기에 독립기초나 줄기초를 설치하여 상부의 구조물을 지지하는 것이 통기초의 본래 용도다.

터파기와 몇 차례의 거푸집 설치 및 해체, 되메우기를 거쳐야 하는 독립기초나 줄기초에 비해 작업이 매우 단순하여, 소규모의 주택에서는 지면에 바로 설치한 통기초를 건물의 기초로 대신한다. 통기초의 하부 바닥은 동결심도와 관계없이 지면에 위치한다. 지반의 동결과 부동침하에 대비하여, 철근은 반드시 기초의 상하부에 함께 배근해야 하며, 상부근의 피복두께가 너무 두꺼워서는 안 된다. 또한 건물을 지면으로 이격시켜야 하기 때문에 통기초의 두께는 적어도 40cm이상은 되어야 하므로 줄기초에 비해 콘크리트의 양이 많이 필요하다.

통기초가 적합하지 않는 경우

일반적으로 통기초를 적용하는 이유는, 줄기초의 여러 공정으로 인

통기초를 위한 터파기

한 인건비와 장비비를 비교하여 상대적으로 시공비가 저렴하기 때문이다. 그러나 줄기초에 비해 사용되는 레미콘의 양이 많으므로, 기초의 면적을 고려해야 한다. 줄기초를 할 때의 인건비와 통기초를 할 때의 콘크리트 자재비를 단순 비교해 보면, 통기초의 두께를 40cm로 하고 기초면의 면적이 80~100m^2를 넘게 될 경우, 오히려 통기초의 시공비가 많아진다. 물론 현장의 여건이나 레미콘의 가격에 따라 다소의 차이는 있다.

다음으로 고려해야 하는 것은 지반의 침하이다. 일반적으로 통기초는 동결심도를 무시하고 지면을 평탄하게 다진 상태에서 그대로 시공되기 때문에, 지반의 상태에 영향을 받는다. 지반 자체가 연약하거나, 성토를 하여 다진 지반은 지반침하가 일어날 수밖에 없다. 특히 지반

침하는 부동침하가 필연적이므로 통기초는 적합하지 않다.

마지막으로 지반의 토질을 살펴야 한다. 지반이 암반이거나 돌들로 이루어졌다면 배수가 원활하여 문제가 되지 않지만, 찰흙처럼 고운 입자로 되어있으면 물빠짐이 원활하지 못하다. 동결심도보다 얕은 곳의 흙속에 존재하는 수분은 동절기에 얼게 되어 부피가 팽창하게 된다. 이처럼 배수가 원활하지 못한 토질은 동절기에 결빙되어 부피가 커지게 되고, 통기초의 가장자리 부분을 들어 올리게 된다. 이때 통기초의 안쪽 부분은 영하로 되지 않아 지반이 얼지 않는다. 따라서 통기초의 중앙부분에는 하중에 의해 인장력을 받게 된다. 계절이 바뀔 때마다 이런 현상이 되풀이되어 통기초의 가장자리는 지반의 팽창과 부동침하를 지속적으로 받게 된다. 따라서 배수가 원활하지 않은 토질에 시공된 통기초는 시간이 지날수록 균열이 발생되어 내구력이 떨어지게 되는 것이다.

결론적으로, 바닥기초의 면적이 $80 \sim 100 m^2$를 넘지 않고 물빠짐이 좋은 단단한 지반이 통기초를 시공할 수 있는 기본조건임을 염두에 두어야 한다.

7장 전기시설

아낌없는 투자가 필요한 주택의 신경

전기 공사의 범위
수급(受給)지점 | 내선공사 범위

기본적인 내선공사
내선공사에 사용되는 전선 | 전기 사용의 안전장치-분전반

전기 시설의 분배와 여분
분전반에서의 효율적인 분배 | 인입전선의 여유
콘센트의 여유 있는 배치

안전과 관리를 위한 집중적인 배선
전열회로에서의 콘센트 연결 | 전등과 스위치의 연결
관리와 보수가 용이한 배선의 집중

새로 지어진 집을 평가할 때 겉모양과 내부구조 그리고 마감자재가 기준이 된다. 대부분의 전기와 설비시설은 벽속과 바닥에 감추어져 있어 평가대상에서 제외되기 일쑤다. 사용하는 전기와 물의 용량에 맞게 시설하는 것은 당연하지만 현재보다는 미래를 생각하는 긴 안목과 과감한 투자가 필요한 것이 전기와 설비시설이다.

특히 전원주택의 경우에는 외부생활이 많을 뿐만 아니라 증축이 보편적이므로 전기시설이 추가되는 것이 다반사다. 사용량의 증가로 인해 점검과 보수는 필연적일 수밖에 없다. 외부로 노출시켜 추가시설을 하게 되면 외관상의 문제도 있지만 안전과도 관련이 있다. 또한 사소한 결함이 있는 전선의 교체를 위해 멀쩡한 천장을 뜯어내는 것도 많은 부담이 된다. 추가시설을 감안하여 보수가 용이한 구조로 시공을 하면 초기비용은 증가되겠지만, 결과적으로는 비용절감의 효과가 있다.

전기 공사의 범위

수급(受給)지점

주택에 전기를 공급하는 시설의 설치는 외선공사 및 내선공사로 구분한다. 외선 공사는 전주를 포함한 전선로의 설치와 전기계량기를 연결하기위하여 전주로부터 가공架空으로 설치되는 인입선까지의 공사이며, 한전이 시공하고 관리한다. 가공인입선은 주택의 지붕이나 벽면까

● 지중인입과 가공인입의 수급지점

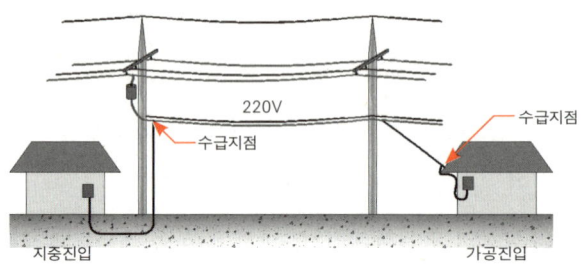

지이며, 지중으로 연결되는 인입선은 포함되지 않는다. 계량기로 연결되는 전선과 가공인입선이 만나는 지점, 또는 지중인입선이 전주에 있는 전력선과 만나는 지점이 수급지점이 되고, 수급지점은 소유권과 관리책임의 범위를 정하는 곳이 된다.

  수급지점까지는 소유권을 포함하여 유지 보수의 책임이 한전에 있고, 수급지점 이후 주택 내부의 시공 및 유지 보수는 수용가의 책임이다. 수급지점 이후에 있는 전기계량기는 수용가 부담으로 한전에서 설치한다. 설치된 전기계량기는 소유뿐만 아니라 관리 책임도 수용가에게 있다. 그러나 주택용에 한해서 계량기에 이상이 있거나 노후하게 되면 한전에서 무료로 교환하여 설치한다.

내선공사 범위

외부의 계량기함(전기계량기 제외)과 실내의 분전반을 설치하고 전기배관 및 접지공사는 내선공사의 기본이다. 실내마감이 마무리되면 분전반의 차단기를 비롯하여 전선배선, 전등기구, 콘센트, 스위치 설치가 내선공사의 범위가 된다. 내선공사가 완료되면 한전에서 전기계량기의 설치와 함께 인입선 연결을 하면 모든 전기공사가 마무리 된다. 대부분의 경우 통신이나 TV수신용 배관 배선을 별도로 시공하지 않고 내선공사에 포함시킨다. 보일러 조절기용 배선은 누락되기 쉬운 부분이다.

기본적인 내선공사

내선공사에 사용되는 전선

전선은 절연재질에 의해 구분을 하게 되는데, 내선공사에 사용되는 전선은 주로 비닐 Vinyl, Polyvinyl Chloride, PVC을 절연재질로 한다. 종래에는

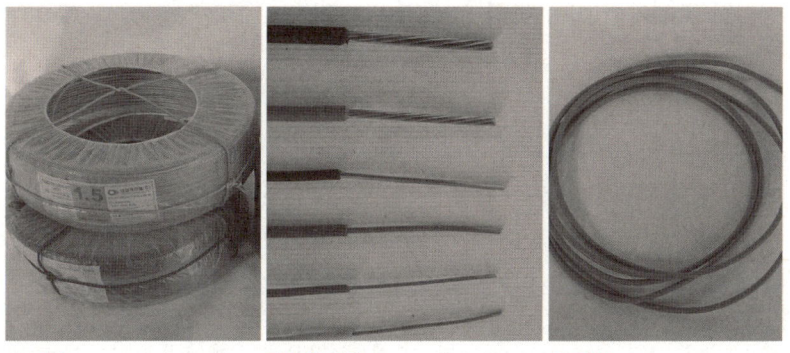

HIV 전선   절연피복 제거   GV 전선

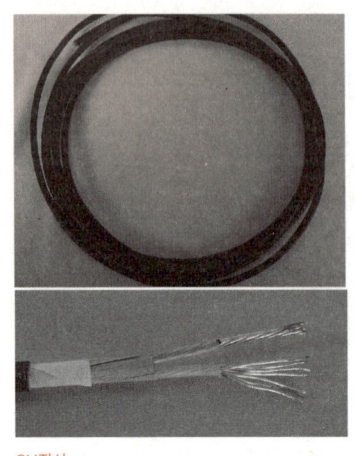
CV전선

내열온도가 60℃인 'IV'가 일반적이었지만 현재는 내열온도가 90℃로 보다 열에 강한 'HIV'로 대체되어 대부분의 실내배선에 사용되고 있다. 접지를 위해 땅속으로 직접 매립되는 접지선은 별도의 'GV'전선을 사용한다.

수급지점에서 전기계량기를 거쳐 분전반으로 이어지는 전선은, 주택에서 사용되는 모든 전류가 합해지는 주된 통로가 될 뿐만 아니라 외부에 노출되는 경우가 많다. 따라서 내열성뿐만 아니라 쉽게 인화되지 않는 재질로 절연을 한 후, 외부를 한 번 더 감싼 2중 피복으로 하여 자외선에도 강한 'CV'전선을 주로 사용한다.

전선은 굵기에 따라 허용되는 전류의 양이 다르므로 필요에 따라 적절한 굵기가 되어야 한다. 동선의 단면적으로 전선의 굵기를 표시하여 mm^2 단위를 사용하지만 일반적인 호칭은 Square millimeter의 약칭인 sq이다. HIV는 4sq와 2.5sq가 대부분이고 1.5sq와 6sq가 일부 사용된다. 인입용의 CV는 6sq가 보통이지만 전기사용량에 따라 10sq이상이 되기도 한다. CV의 경우 2가닥 이상의 절연된 전선을 하나의 외부피복으로 감싸고 있어 절연전선의 가닥수(C, core의 약칭)를 별도로 표시한다. 'FR-CV 2C×6sq'라 표기된 것은 '난연성의 CV전선으로

6sq의 절연전선이 2가닥'이라는 의미다.

- **IV**   옥내용 비닐절연 전선(Vinyl insulated Indoor Wire)
- **HIV**   옥내용 내열비닐절연 전선(Heat-resistant Vinyl insulated Indoor Wire)
- **GV**   접지용 비닐절연 전선(Vinyl insulated Ground Wire)
- **CV**   가교폴리에틸렌절연 비닐외장(시스) 케이블(Cross-linked polyethylene insulated Vinyl sheathed Cable)

Cross-Linked Polyethylene   XLPE, 가교폴리에틸렌

GV나 CV앞에 붙는 'FR-', 'TFR-'은 불이 잘 붙지 않는 난연을 의미한다.

- **FR**   Flame Retardant 난연
- **TFR** Tray Flame Retardant 케이블트레이용 난연

전기 사용의 안전장치 - 분전반

내선공사가 완료되면 한전의 안전유무 확인 후 전기계량기를 설치하게 되고 전기의 사용이 가능하게 된다. 주택용 계약전력은 3KW를 기본으로 하고 최대 5KW로 제한하기 때문에 허용전류가 30A 또는 40A인 전기계량기를 설치하게 된다. 따라서 주택용의 주차단기의 정격전류는 30A를 원칙으로 하며, 수급지점에서 주차단기까지는 6sq이상의 전선이 되어야 한다.

계약전력이 3KW라 하여 사용할 수 있는 전력의 한계를 뜻하는 것은 아니다. 주차단기의 정격전류가 30A이므로 동시에 사용하는 순간

● 계량기의 연결과 분전반에서의 일반적인 분배

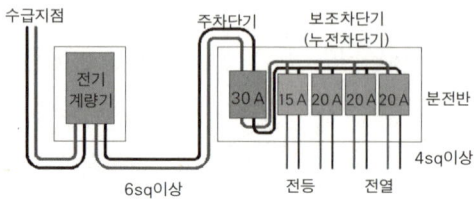

사용전력의 한계는 약 6.5KW가 된다.

옥내배선에 사용되는 전선을 모두 6sq로 사용하면 비용이 많게 되고 콘센트 등의 전기기구와 연결이 힘들어진다. 그래서 주차단기에 여러 개의 보조차단기를 설치하면 전력을 분산시킬 수 있고 가는 전선의 사용이 가능해진다. 또한 한 지점의 과부하로 인해 집 전체의 전기가 차단되지 않으므로 신속한 조치가 이루어질 수 있다.

주택분전반은 주차단기와 4~5개의 보조차단기를 사용하여, 3~4개의 전열회로와 1개의 전등회로로 분리하고 있다. 보조차단기는 주차단기보다 정격전류의 용량이 작은 누전차단기가 일반적이다.

차단기의 용량은 연결되어있는 전선들 중 가장 가는 것을 기준으로 결정되어야 한다. 콘센트로 연결되는 전선은 4sq 또는 2.5sq를 사용하므로 정격전류 20A가 적절하다. 안전을 위해 15A를 사용할 수도 있지만 차단이 잦으면 오히려 불편할 수도 있다. 그리고 한 전열회로에 많은 전기제품을 사용하여 과부하로 인한 차단이 될 때 차단기의 용량만 큰 것으로 교체하면 전선에는 많은 전류가 흐르게 되어 위

● 차단기의 정격전류

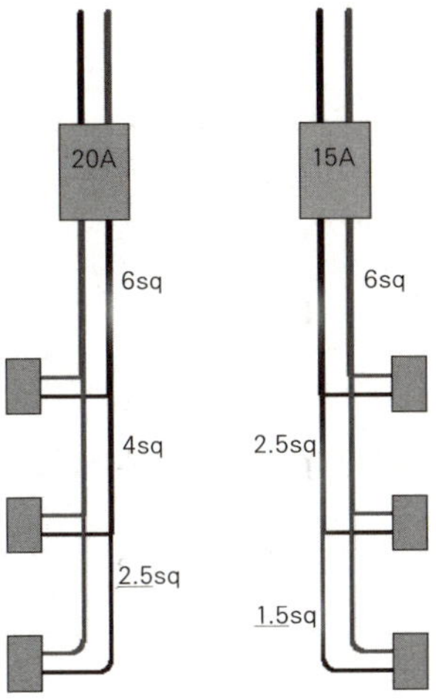

● 누전차단기의 차단순서

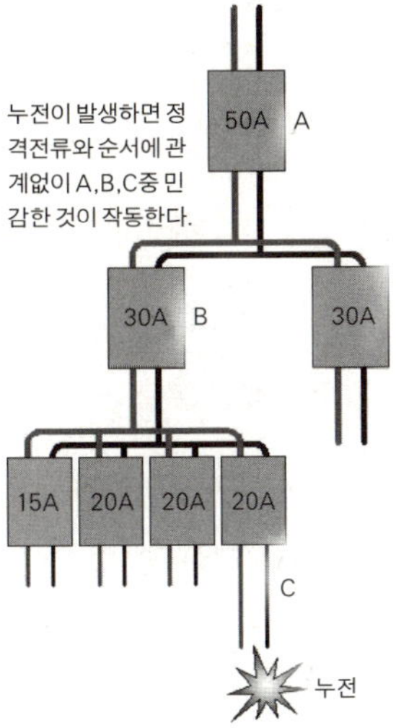

누전이 발생하면 정격전류와 순서에 관계없이 A,B,C중 민감한 것이 작동한다.

험하다.

 전등으로 연결되는 전선은 1.5sq도 함께 사용되기 때문에 전등회로에는 15A를 넘어서는 안 된다. 이것이 전등회로가 전열회로와 구분되어야 하는 이유이기도 하다.

 보조차단기와 함께 주차단기에도 누전차단기를 사용하여 연속적으로 누전차단기가 연결이 될 때, 누전이 발생하면 연결순서나 정격전류와는 무관하게 하나의 누전차단기가 먼저 작동을 하게 된다. 누전차단기의 감도전류는 정격전류에 관계없이 $30mA$가 대부분이며 실제 감응하는 정도는 차단기마다 조금씩의 차이가 있기 때문에 가장 민감한 차단기가 먼저 작동하게 되는 것이다. 누전이 발생하여 주차단기가 먼저 작동할 경우에는 원인파악에 시간이 걸릴 수도 있다.

전기시설의 분배와 여분

분전반에서의 효율적인 분배

분전반에서의 분배는 많을수록 좋으며, 현재는 사용이 없다 하더라도 만약을 대비하여 여분을 두는 것도 중요하다. 분배를 해야 하는 이유는 많은 전기를 사용하기 위해서가 아니라 관리의 편의와 안전을 위해서이다.

전등의 경우는 15A 누전차단기를 사용한 1회로이면 무난하다. 이정도 용량이면 100W 전등을 30개가량 동시에 사용할 수 있을 뿐만 아니라, 실내전등은 추가로 시설되는 경우가 미미하기 때문이다.

분전반에서 분배가 필요한 것은 대부분 전열회로이며, 콘센트의 인접 위치가 아닌 용도에 따른 구분이 분배의 기본원칙이 되어야 한다. 그러기 위해서는 실내를 용도와 사용량에 따라 몇 개의 구획으로 나누어야 한다.

전기사용이 비교적 많은 주방과 거실을 각각 분리하여 1회로씩 분배를 하고, 전기 사용량이 미미한 방들은 2~3개씩을 1회로로 하면 무난하다. 특히 물 사용이 많은 화장실은 감전에 대한 안전을 고려하여 사용량에 관계없이 별도로 구별하여 고감도 누전차단기 사용이 필수

분배를 고려하여 설치된 분전반의 보조차단기 배치

적이다. 지하수를 사용하거나 외부에 전원을 공급할 목적으로 외부전용 회로도 필요하다.

비교적 용량이 큰 전기제품은 별도의 전용회로를 두어야 한다. 에어컨과 건조 및 가열세탁 기능이 있는 세탁기가 해당되며, 특히 사용이 조금씩 증가하고 있는 전자레인지는 전용회로뿐만 아니라 용량까지도 고려해야 한다. 대부분의 전자레인지는 3~6kW가 되는 고용량이므로 차단기의 정격전류를 포함하여 인입전선의 굵기도 커져야 한다.

만일을 대비하여 여분의 예비회로가 필수적이다. 예비회로는 차단기뿐만 아니라 천장과 외부로 연결되는 배관을 포함하여야 한다.

인입전선의 여유

분배와 아울러 고려해야하는 것이 여유이다. 가전제품의 사용범위는 갈수록 늘어나고 있어 언젠가는 현재 시설된 인입선으로는 충분하지 않을 가능성이 높다. 따라서 분전반에서의 분배와 여분뿐만 아니라 전체 사용량의 증가에 대비한 인입 전선의 굵기에도 여유가 필요하다.

특히 거리가 먼 지중인입의 경우에는 전압강하뿐만 아니라, 지중인입으로 인해 전선의 온도가 상승할 수 있으므로 전선의 굵기에 보다 많은 여유를 주어야 한다. 지중인입은 추후의 전선 교체작업이 쉽지 않은 이유도 있다.

여기서 여분과 여유를 둔다는 것은 보조차단기의 사용 갯수와 인입 전선의 굵기를 의미하는 것이다. 앞에서 언급하였듯이 보조차단기의 용량을 크게 할 경우에는 옥내에 배선된 전선의 굵기를 반드시 고려해야 하기 때문이다.

콘센트의 여유 있는 배치

침실과 같은 방의 벽면에 설치되는 콘센트는 1~2개가 일반적이어서 가구 배치가 바뀌게 되면 콘센트의 사용이 제한되는 경우가 많다. 어쩔 수 없는 멀티탭 사용으로 방안이 복잡해지고 과부하와 같은 위험이 생기게 된다. 애초에 벽면마다 콘센트를 설치한다면 가구배치에 따른 콘센트 사용의 불편함은 해소될 수 있다. 방뿐만 아니라 실내의 요소요소에 많은 콘센트가 설치된다면 비록 설치비용은 증가되지만 전기사용의 편리함과 안전은 보장받을 수 있다.

특히 주방의 싱크대나 거실의 한 면은 집중적인 사용이 되므로 여러 개의 콘센트를 한곳에 설치할 필요가 있다. 주방에서는 여러 종류의 주방기기가 동시에 사용되고, 거실의 TV 주위에는 많은 종류의 가전제품이 위치하기 때문이다.

싱크대 위의 콘센트

안전과 관리를 위한 집중적인 배선

전열회로에서의 콘센트 연결

콘센트의 일반적인 배선은, 차단기를 출발하여 가까운 지점의 콘센트에서부터 하나씩 경유하여 연결이 되어 있다. 콘센트와 전선의 연결은 작업성이 용이하도록 콘센트의 뒷면에 탈피된 전선의 끝단을 삽입하게 된다. 이 부분에서 접촉불량이 발생할 소지가 있다. 경유하

● 콘센트의 접촉불량

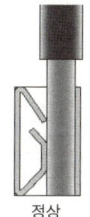

정상　　접촉불량

는 콘센트의 수량이 많아질수록 연결되는 지점이 많아지게 되어 전체적인 접촉불량의 우려가 높아진다.

접촉불량의 소지를 줄이기 위해서는 다른 콘센트로 연결되는 전선을 삽입하지 않고 전선끼리 바로 연결해야 한다. 그러면 여러 개의 콘

전선과 콘센트의 연결

- 전선과 콘센트의 일반적인 결선

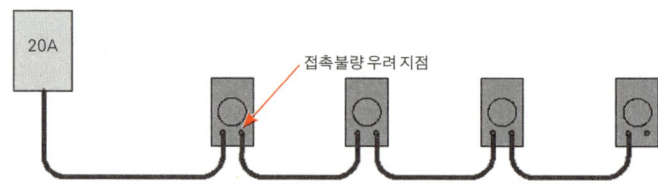

- 전선끼리 결선 후 콘센트와의 접속

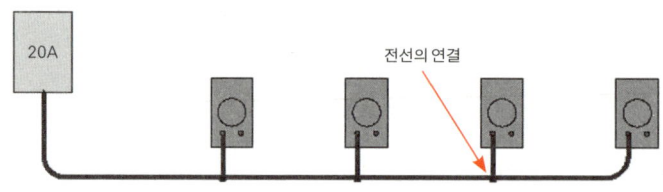

센트를 거친다해도 마지막 콘센트와 차단기가 전선으로 직접 연결된다. 이와 같은 방법은 콘센트마다 일일이 전선을 연결해야 하므로 인건비의 상승요인이 되지만 안전을 위해서는 필요한 작업이다.

전등과 스위치의 연결

차단기를 개폐하게 되면 전압선과 중성선이 함께 연결되거나 차단이 되지만, 전등의 스위치는 한 선에만 설치되어 있다. 그리고 스위치를 설치한 전선이 전압선일 경우와 중성선일 경우에 차이가 있다. 전압선에 설치되어 전원을 차단하게 되면 전등에도 아무런 전압이 인가되지 않지만, 중성선에 설치되었을 경우에는 사정이 다르다.

수도꼭지를 잠갔을 경우에 비록 물은 나오지 않지만 수도꼭지에는 수압이 걸려 있듯이, 중성선에 설치되어있는 스위치를 끄게 되면 전등불은 함께 꺼지지만 전등에는 전압이 인가되어 있는 상태가 된다. 특히 형광등의 경우에는 잔광殘光이라 하여 희미한 불빛이 잠시 동안 남게 되는데 이는 전등의 수명과도 연관이 있게 된다. 스위치를 꺼도 전등에는 항상 전압이 인가되어 있기 때문에 전등이 오래되어 낡게 되면 누전의 가능성이 커지게 되며, 전등을 교체할 때 감전에도 유의하여야 한다.

전등회로의 결선은 대부분 스위치와 천장위에서 결선이 이루어지

● 전압선과 중성선에 설치된 스위치의 기능

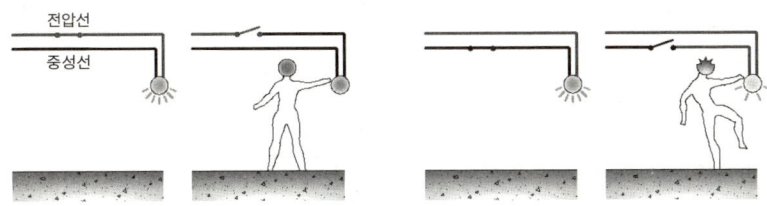

● 전등회로의 일반적인 배선

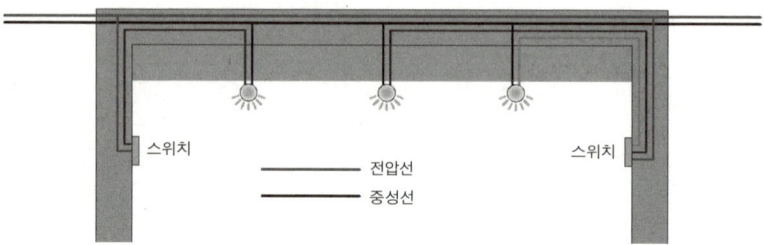

● 콘센트 회로의 배선 집중

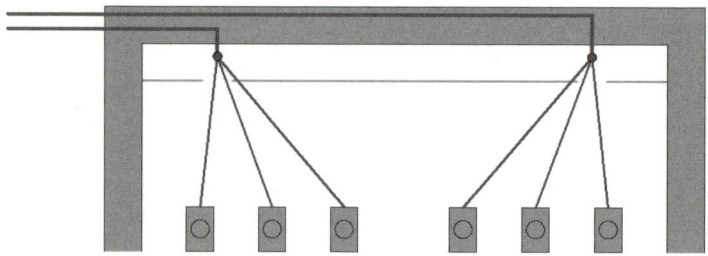

● 전등 회로의 배선 집중

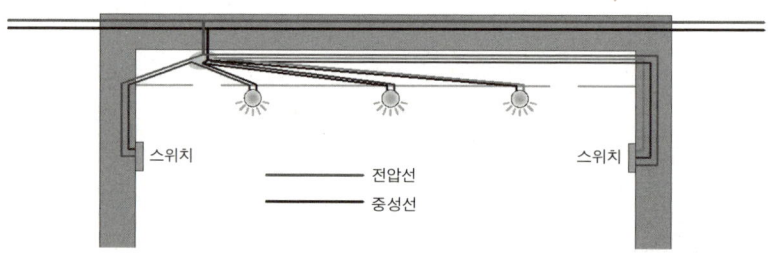

고 전등과의 연결을 위해 천장의 작은 구멍을 통해 2가닥의 전선만 노출이 된다. 전등회로의 보수는 거의 불필요하지만, 만약의 경우 천장을 뜯지 않고는 보수자체가 거의 불가능하다.

관리와 보수가 용이한 배선의 집중

앞에서의 설명과 같이 일반적인 배선의 방법은 당장에는 아무런 문제가 되지 않는다. 그러나 보수가 필요할 경우에는 상당한 무리가 따른다. 특히 천장 속에서 결선되는 전등회로는 단순한 수정조차 엄두를 낼 수 없다. 이를 해결하기 위한 전제조건은 천장에 점검구를 설치하는 것이다.

대부분의 주택은 화장실 천장에 점검구가 설치되어 있다. 목구조나 조립식주택처럼 천장으로 출입이 가능한 구조일 때는 이 하나의 점검구만으로 충분하다. 그러나 천장으로의 출입이 힘든 경우에는 현관이나 다용도실 등과 같이 눈에 잘 띄지 않는 곳에 2개 정도의 점검구를 추가로 설치하는 것이 좋다.

그런 다음에 보조차단기에서 출발하는 전선을 콘센트나 전등이 아닌 천장의 점검이 가능한 곳으로 배선을 하여 중간 집결지로 정한다. 각각의 콘센트나 전등 또는 스위치의 배선을 중간 집결지로 집중 배선하여 결선을 하게 되면 추후 관리나 보수가 매우 용이해진다.

전기시설이 주택의 신경이라 한다면 상·하수시설은 주택의 혈관이라 할 수 있다. 그럼에도 불구하고 전기시설과 같이 상하수시설은 시공방법과 관리에서 소홀히 다루어지고 있는 실정이다. 전원주택의 경우에는 지하수가 주상수원이 되며, 마을 공동상수가 있는 경우에도 보조나 예비상수로 많이 사용하고 있다. 지하수는 펌프가 필수적이고, 펌프사용은 전기요금의 많은 부분을 차지한다. 배관방법을 개선하고 자동펌프의 사용을 제대로만 해도 전기요금을 상당히 절약할 수 있다.

상수관 시설

상수관의 종류와 용도

옥내 냉온수관의 배관용으로 XL관과 에이콘(회사명)이라 불리는 PB관을 일반적으로 사용한다. 냉온수관에는 배관작업이 상대적으로 용이한 PB관을 대부분 사용하고, 바닥 난방용

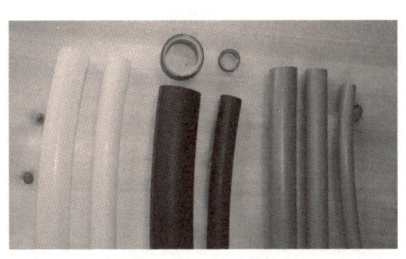

XL관, PE관, PB관

으로는 XL관을 사용하고 있다. 집으로 들어오는 인입관과 외부수도관은 XL관을 사용하기도 하지만, 땅속으로 매립되기 때문에 외부충

격에 강한 PE관이 안전하다.

　PE관은 XL관과 동일한 재질에 카본블랙$^{Caebon\ Black}$을 함유한 외부 피막을 입혀 자외선이나 외부충격에 견딜 수 있도록 한 것이다. 이외에 스텐주름관이 있지만 연결작업이 까다로워 보일러 연결과 같은 곳에 부분적으로 사용된다. 동관은 자재비가 고가일 뿐만 아니라 배관 연결 작업이 전문성을 필요로 하여 특별한 경우가 아니면 사용이 어렵다. 황색의 PP관도 가끔 사용되고 있지만 배관연결 작업이 까다롭다.

　XL 가교폴리에틸렌 (Cross-Linked Polyethylene, XLPE)

　PE 폴리에틸렌 (Polyethylene)

　PB 폴리부틸렌 (Polybutylene)

　PP 폴리프로필렌 (Polypropylene)

냉온수관의 일반적인 배관

일반주택의 냉온수관 배관은 아주 단순하며, 인입에서부터 주로 15㎜ 굵기 한 가지만으로 사용하고 있다. 공동상수나 지하수에서 집으로 들어오는 냉수관은 보일러로 나누어진 후에 싱크대와 변기, 세면기, 샤워기로 분리되면서 연결된다.

　동일한 굵기의 관으로 옥내배관을 하기 때문에 공급되는 수량에 한계가 있게 된다. 따라서 동시에 여러 곳에서 물을 사용하게 되면 물줄기가 가늘어져 사용시간이 길어지게 되고, 온수와 함께 사용할 경우에는 수온조절이 힘들어진다.

인입관을 굵은 것을 사용하고 관이 나누어 질 때마다 한 단계씩 관의 굵기를 줄여간다면 물의 흐름이 좋아지게 되어 물줄기의 변동이 줄어들 수 있다. 그러나 배관작업을 할 때 여러 굵기의 관이 필요하고 연결부속의 종류도 복잡하여진다. 또한 비례하여 인입관이 상당히 커야 하므로, 단계적으로 관의 굵기를 줄이는 방법에는 한계가 있다.

배관이 나누어지거나 연결할 때 필요한 연결부속에는 배관과 다른 재질이 포함되어있어 온도에 따른 팽창률이 다르고, 특히 금속 재질은 장기간 사용 시에 부식의 가능성이 있다. 따라서 대부분의 누수가 이 연결부속과 결합되는 부분에서 발생한다. 일반적인 배관방법은 나누어질 때마다 연결이 필요하기 때문에 사용되는 부속의 수량만큼 문제 발생의 가능성이 증가한다. 또한 냉온수관은 벽속이나 바닥 속에 있으므로 누수가 발생하면 위치 파악이 어려워 보수에도 많은 비용을 부담해야 한다.

효율적이고 보수가 용이한 배관

일반적인 냉온수관의 배관이 모두가 문제가 있다는 것이 아니다. 주택의 일반적인 시설과는 다르게 냉온수관은 눈에 띄지 않게 벽이나 바닥 속에 묻혀 있어 문제가 발생하면 원인 파악이 어려울 뿐만 아니라, 사소한 보수에도 많은 경제적 부담이 불가피하다. 작은 부담으로 큰 효과를 볼 수 있는 몇 가지 방법을 소개한다.

첫째, 여분의 인입관을 미리 매설하여 둘 필요가 있다. 전원주택의

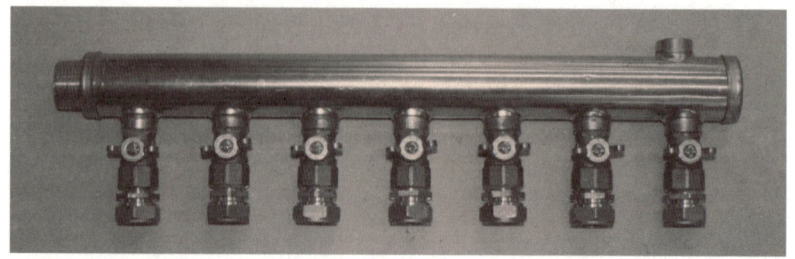

분배기

● 냉온수관 배관방법

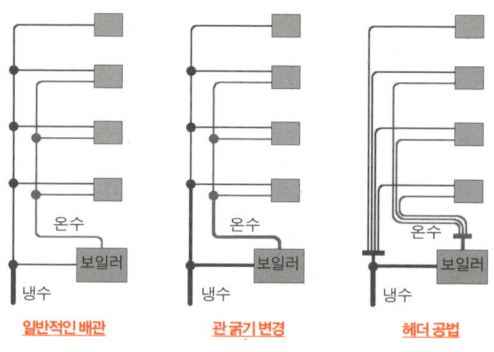

상수원은 마을의 공동상수이거나 지하수이다. 공동상수는 동절기나 가뭄이 길어지게 되면 물 부족사태가 생길 수 있어 지하수를 예비로 준비하게 된다. 지하수를 사용하는 경우에도 언젠가 공동상수가 공급될 때 상수관의 추가 연결이 필요하게 된다.

그런데 상수 인입관은 동절기의 결빙으로부터 보호하기 위하여 기초공사 전에 동결심도 아래로 깊이 매설되어 있어 위치 확인이 어렵다. 또한 추가연결을 위해 넓은 곳을 파헤치는 과정에서 다른 지중매설물을 손상시킬 수도 있다. 이에 대비하여 추가연결 작업이 용이한 지점까지 여분의 인입관을 미리 매설해 두면 유용하게 사용할 수 있다. 기초공사전 상수인입관을 매설할 때 함께 시공한다면 추가비용은 큰 부담이 되지 않는다.

둘째, 분배기를 사용하여 중간의 연결이 없이 싱크대나 세면기 등으로 바로 배관한다. 그러기 위해서는 인입관의 끝단에서 냉수관과 보일러의 온수관으로 1차 분리를 한 후, 1차 분리된 냉수관과 보일러를 거쳐 나오는 온수관을 각각의 분배기를 사용한다.

분배기Header에서 여러 개의 작은 관으로 나누어 배관하는 시공방법을 '헤더Header공법'이라하며, 동시에 여러 곳에서 물을 사용하여도 관의 굵기와 상관없이 수량변동의 폭이 작은 잇점이 있다. 냉수용 분배기와 별도로 온수배관에도 분배기를 사용하고 충분한 수량 확보를 위해 인입관을 20㎜ 이상으로 하면 더욱 효과가 있다.

셋째, 상수관에 문제가 발생할 경우 보수가 용이한 구조이어야 한다. 문제가 있는 상수관을 벽이나 바닥의 손상이 없이 보수하려면, 회수와 설치가 간단하면 된다. 그러기 위해서는 상수관을 보다 큰 관속에 배관하면 된다.

이처럼 2개의 관을 이중으로 배관하는 방식을 '이중관공법'이라 부르며, 보수가 필요할

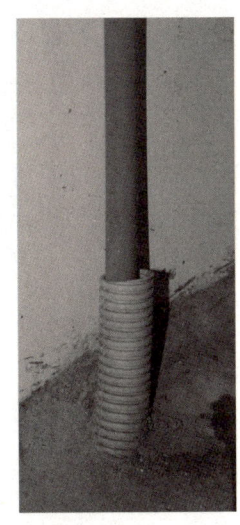

● 이중관공법

샤워기 뒷면의 배관 점검구

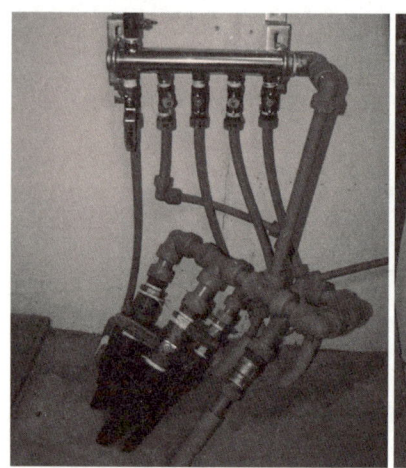
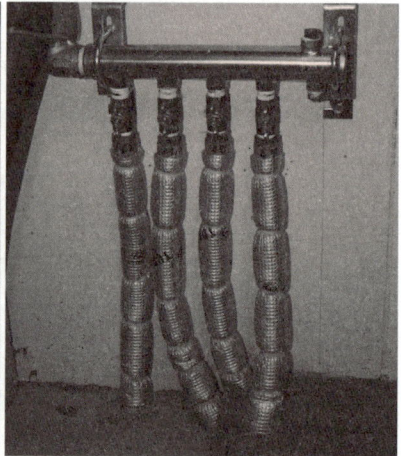
이중관-헤더공법을 응용한 냉수관과 온수관의 배관

경우 바닥 손상이 없이 상수관을 회수하기가 용이하다. 이중관공법의 전제조건은 이중으로 배관되는 관이 중간에서 연결되어서는 안 되며, 상수관은 잘 휘어져야 한다. 따라서 전기배관에 사용하는 CD전선관과 비교적 부드러워 잘 휘어지는 PB관이 이중관공법에 사용된다. CD 전선관의 설치는 직선이 되어야하며 휘어질 경우에는 완만한 곡선이 되어야 PB관의 삽입이 용이하다.

　화장실의 샤워기는 벽면의 중간 높이에 위치하므로 벽속으로 배관해야 하며, 대부분 타일로 마감되기 때문에 보수에 어려움이 있다. 해결방법은 샤워기가 설치된 벽의 뒷면에 별도의 점검구를 설치하는 것이다. 점검구 속에 노출된 냉수관은 여름철 더운 실내공기와 접하게 되어 결로가 생기기 쉬우므로 반드시 냉수관과 공기와의 직접 노출이 없도록 보온재를 감싸 공기접촉을 차단시켜야 한다. 그렇지 않을 경우 벽체 내부에 습기가 발생할 수 있으므로 목조주택이나 통나무주택은 특히 주의를 기울여야 한다.

　이중관공법은 중간에 상수관 연결을 할 수 없어 각각의 배관이 분리되어야하므로 헤더공법과 병행되어야 효과적이다. 이 둘을 합하여 '이중관-헤더공법'이라한다.

부동전의 설치 및 관리

옥외에 설치되는 외부수도는 전원생활에 필요한 시설이지만 관리가 어려운 시설이기도 하다. 외부수도로 연결되는 상수관은 동결심도이하로 매설되지만 수도꼭지 설치를 위해서는 지상에 노출되어야 한다. 노출되는 부분은 여름의 자외선과 겨울의 결빙에 취약할 수밖에 없다.

　부동전不凍栓(부동수전, 부동급수전)을 설치하면 겨울에도 외부수도의

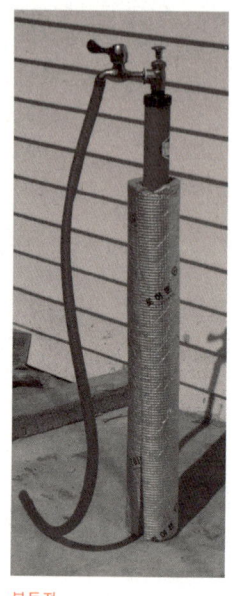

부동전

사용이 가능해진다. 부동전은 말 그대로 얼지 않는 급수장치이다. 부동전의 하단에는 별도의 작은 퇴수공이 있어 물 공급을 하지 않을 때는 관속의 물을 배출시켜 노출된 관이 얼지 않게 한다. 그래서 별도의 보온장치를 필요로 하지 않는다. 그런데 사용방법을 제대로 몰라 보온재와 동파방지열선을 사용하지만 효과는 없다.

부동전에는 수도꼭지가 추가로 설치되어 개폐밸브가 2개이다. 겨울에는 부동전의 밸브만 사용하고 수도꼭지의 밸브는 개방상태로 두어 퇴수공으로 관속의 물이 빠질 수 있어야 한다. 이와 함께 수도꼭지에 연결되는 호수의 길이도

● 부동전의 원리와 밸브 사용방법

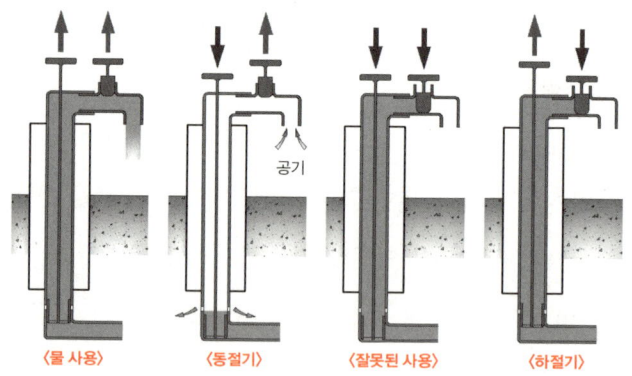

〈물 사용〉 〈동절기〉 〈잘못된 사용〉 〈하절기〉

짧아야 한다. 반대로 물사용이 빈번한 여름에는 수도꼭지의 밸브만 사용하고 부동전의 밸브는 개방상태로 두어 퇴수공이 이물질에 의해 막히지 않도록 한다.

PE관 수도

부동전이 기능을 제대로 발휘하려면 설치에도 유의해야 한다. 부동전의 하단을 동결심도 아래로 하여 연결되는 상수관이 얼지 않아야 하며, 자갈이나 모래를 깔아 퇴수공의 배수가 원활하도록 하여야한다.

지하수나 마을 공동상수는 때때로 이물질의 유입이 있을 수 있어 부동전을 장기간 사용하게 되면 보수를 위해 교체가 필요하다. 부동전의 교체는 매우 힘이 드는 작업이다. 근래에는 교체가 간단한 구조로 개발이 되었으나 비용이 만만치는 않다.

그리고 겨울철 외부수도의 사용빈도는 매우 미미하다. 겨울에 외부수도 사용을 않는다면, PE관을 직접 노출시켜 수도꼭지를 설치하는 것도 좋은 방법이다. 겨울에 수도꼭지를 제거하고 봄에 다시 설치해야 하는 번거로움이 있지만, 힘든 보수작업의 염려는 없다. 수도꼭지를 제거하려면 옥내에 별도의 개폐밸브가 설치되어야 하고 햇빛에 약한 XL관을 사용할 수 없다.

정온전선, 동파방지 열선의 사용

증축 등의 이유로 상수관을 연장하게 되면 노출이 불가피하다. 보온재만으로 동파방지가 어려워 일정온도를 유지하기위한 가열장치가 필요하다. 가열장치로 일반적인 것이 정온전선과 동파방지 열선이다. 정온전선이나 열선은 설치가 간편하지만 상당한 주의가 필요하다.

정온전선은 두 전선 사이에 발열체가 배열되어 있고 온도변화에 따라 전류의 흐름을 스스로 제어하기 때문에 일정한 온도를 유지시키는 기능이 있다. 보온재를 함께 사용하면 열손실을 줄이게 되어 절전의 효과가 있을 뿐만 아니라, 상수관과 정온전선을 자외선으로부터 보호할 수 있다. 필요한 길이만큼 절단하여 사용할 수 있어 시공이 편리하지만 절단면과 전선 연결부위를 제대로 절연하지 못하면 누전의 가능성이 있다.

동파방지 열선은 플러그가 연결되어 있기 때문에 전선을 연결해야 하는 번거로움이 없어 설치가 매우 간편하다. 그러나 스스로 온도조절이 되지 않기 때문에 열선끼리 겹쳐지거나 수도관보온재를 사용하게

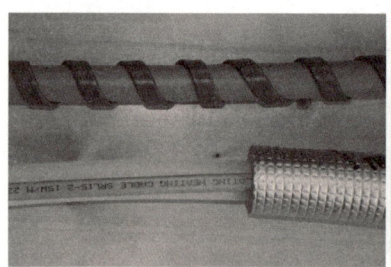

동파방지 열선, 정온전선, 타이머

되면 과열이 될 가능성이 있다. 안전을 위해 별도의 온도감지기가 필요하다.

정온전선이나 열선은 m당 소비전력이 15W~20W 정도로 미미하지만, 길이가 길어지게 되면 전기사용량을 무시할 수 없다. 또한 24시간 연속사용이 불필요하므로 타이머를 함께 사용한다면 필요한 시간에만 전기공급을 할 수 있어 절전의 효과를 얻을 수 있다.

동파방지 열선의 소손

지하수와 자동펌프 사용

지하수를 상수로 사용하게 되면 자동펌프는 필수적이다. 그런데 자동펌프에 대한 부족한 지식과 잘못된 인식으로 대부분 많은 전기사용료를 부담하고 있다. 자동펌프를 제대로 알고 적절한 시설만 한다면 전기사용량을 많이 줄일 수 있다.

잘못된 상식 첫째 - 펌프는 1대가 경제적이다?

2대의 펌프를 사용하면 1대를 사용할 때보다 많은 전기요금이 나온다고 생각하는 것이 보통이다. 그래서 1대의 펌프를 사용하여 지하수를 끌어올림과 동시에 집안으로 물을 공급한다. 이것이 잘못된 인식의 첫 번째다. 지하수를 끌어올리는 펌프를 급수차로 비유하여 보자.

급수차를 이용하면 운반하는 물의 양보다 운반횟수에 따라 비용을 지불해야 된다. 대부분의 가정에서는 소량의 물을 빈번하게 사용한다. 한번에 많은 물을 운반할 수 있다 하여도 저장공간이 없기 때문에 소량의 물을 필요할 때마다 여러 번 운반하게 되어 운반비용이 늘어날 수밖에 없다.

펌프를 제대로 이해하기 위해서는 펌프의 기능과 펌프모터의 성질을 알아야 한다. 펌프의 주된 기능은 물을 밀어내는 것이며 끌어올리는 기능은 부수적이다. 그래서 밀어내는 힘은 강한 반면에 끌어올리는 힘은 대단히 취약하다. 가장 흔하게 사용하는 자동펌프를 사용하여 지하수를 끌어올리기 위해서는 펌프의 용량이 커져야 한다. 자동펌프의 용량이 커지게 되면 밀어내는 힘은 남아도 끌어올릴 수 있는 높이가 한정이 있어, 관정이 깊어지면 수중펌프를 사용하여야 한다. 지하수에 잠긴 상태에서 물을 밀어내는 기능만 있는 수중펌프는 깊은 관정에 사용되기 때문에 대부분 용량이 크다.

펌프 1대를 사용하여 지하수를 끌어올림과 동시에 집안으로 물을 공급할 때 가장 어려운 것이 펌프의 용량을 정하는 것이다. 지하수를 원활하게 끌어올리기 위해 펌프의 용량을 크게 하면 펌프가 집안으로 보낼 수 있는 물의 양에 비해 집에서 사용하는 물의 양이 적어, 펌프모터의 회전이 정상속도보다 늦어지거나 빈번한 정지와 회전을 하게 된다. 반대로 물의 사용량에 맞게 펌프의 용량을 작게 하면 지하수를 끌어올리는 힘이 약해져 펌프 사용시간이 길어지게 된다. 게다가 물의 사용량은 항상 일정하지 않고 가변적이기 때문에 적정수준의 펌프용량 결정은 더욱 어렵다.

펌프에는 모터가 필수장비이고 전기사용량은 모터의 회전시간뿐만 아니라 회전상태와 밀접한 관계가 있다.

모터는 가동을 위해 전원을 공급하게 되면 회전을 시작하여 일정시간이 지나야 정상적인 속도로 회전을 한다. 정상속도가 되기 전에 모터에 흐르는 전류는 정격전류의 여러 배가 되며, 펌프의 용량이 커질수록 시간이 길어지고 흐르는 전류의 양도 많아지게 된다. 펌프를 1시간동안 계속 사용할 때와 5분간 12번을 사용하는 경우를 비교하여 보면, 전체 사용시간은 동일해도 전기사용량에는 많은 차이가 있다.

모터의 회전속도도 전기사용량과 관련이 있다. 펌프에 연결된 관의 굵기가 적정수준보다 가늘 때 펌프를 가동하게 되면 관의 압력이 높아져 과부하상태가 된다. 과부하상태에서는 모터의 회전속도가 늦어지게 되고 정격전류에 비해 많은 전류가 흐르게 된다. 같은 양의 물을 같은 시간동안 사용하더라도 관의 굵기에 의해 수압이 달라질 경우에는 전기사용량이 달라진다.

경제적인 펌프의 사용은 펌프의 수량을 줄이는 것이 아니라, 용도에 따라 적정용량의 펌프를 사용하는 것이다.

해결방법 – 물 저장탱크 사용

급수차를 이용할 때 한 번에 많은 양의 물을 공급받아 별도의 공간에 저장한다면, 필요할 때마다 바로 사용할 수 있을 뿐만 아니라 급수차의 운반 횟수가 줄어들게 되어 상당한 비용을 절감할 수 있다.

이처럼 용량이 큰 펌프를 사용하여 지상의 물 저장탱크에 지하수를 저장한 후에, 용량이 작은 펌프로 집안에 물을 공급한다면 훨씬 효율적이다. 지하수를 끌어올리는 관의 굵기를 크게 하여 물 흐름이 원활하도록 하면 펌프의 사용시간이 줄어들어 더욱 효과가 있다. 펌프의 수량이 많아지고 물 저장탱크와 이를 설치하는 별도의 공간이 필요하여 초기비용은 증가하지만 전기사용량이 줄어들어 결과적으로는 유지비용이 절감된다. 집안으로 물을 공급하기 위한 펌프는 용량이 작은 자동펌프가 일반적이지만 구조가 간단하고 잔고장이 적은 가압펌프도 사용이 가능하다. 여건이 되어 물 저장탱크를 높은 곳에 설치할 수 있으면, 별도의 펌프가 없어도 낙차에 의해 안정적인 물 공급을 받을 수 있다.

● 물저장탱크와 펌프설치

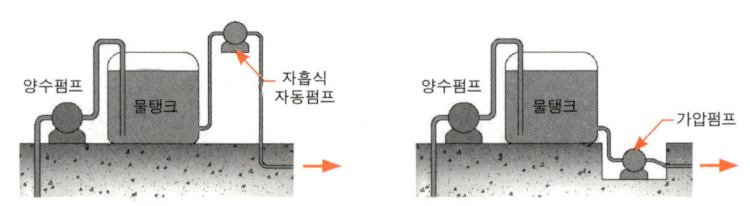

● 자흡식 자동펌프의 외부구조

　펌프가 물을 끌어올리거나 밀어내기 위해서는 펌프 속에 물이 차 있어야 한다. 수면보다 높은 위치의 펌프는 가동을 중단하게 되면 펌프내의 물이 역류하여 속이 비게 되고 재가동할 때는 펌프의 기능을 할 수 없다. 따라서 수면위에 설치되는 펌프는 가동이 중단되어도 물이 역류되지 않도록 역류방지장치(체크밸브)를 한다. 체크밸브가 부착되어 수면의 높이와 관계없이 펌프내에 항상 물을 보유할 수 있는 것을 자흡식, 그렇지 못한 것을 비자흡식이라 한다. 일반주택의 자동펌프는 지상에서 지하수의 물을 끌어올릴 목적으로도 사용될 수 있기 때문에 대부분 자흡식이다.

　자흡식은 펌프내 물이 빌 경우에 대비하여 보충수탱크 설치가 일반적이다. 비자흡식에 비하여 부속장치가 많아 구조가 복잡해져 고장 발생빈도가 높을 뿐만 아니라, 구조적으로 취약한 캡이 설치되어야 하므로 누수나 파손의 우려 또한 높다. 따라서 물탱크의 유무나 수면의 높이와 관계없이 사용은 가능하지만, 누수나 파손에 대비하여 물탱크의 수면보다 높은 곳에 비자흡식 펌프를 설치한다. 수면보다 아래에 설치되어 있는 펌프가 파손이 될 경우에는 파손된 곳을 통해 끊임없이 물이 흘러나오기 때문이다.

　물을 끌어들이는 기능은 무시하고, 밀어내는 기능만을 목적으로 하는 펌프를 별도로 구분하여 가압펌프라 한다. 가압펌프는 주로 물탱크 아래에 설치되기 때문에 체크밸브나 보충수탱크가 필요 없는 단순한 구조가 된다. 물속에 잠겨 물을 밀어 올리는 수중펌프와 가압펌프는 비자흡식이 된다.

　경우에 따라서는 사용하는 물의 양이 많으면 모터의 회전을 빨리하여 많은 물을 보내고 사용량이 적으면 회전속도를 줄여 적은 양의 물만 보내는 인버터펌프도 있다. 사용량에 따라 모터의 회전수를 조절하므로 절전의 효과가 매우 크지만 일반 펌프에 비해 상당히 고가이다.

잘못된 상식 둘째 – 물 저장탱크를 설치만 하면 절약?

전기사용량을 줄이기 위해 물 저장탱크를 설치한 경우, 물을 보충하는 방법에 따라 절약의 효과가 다르게 된다. 물을 사용할 때마다 사용한 만큼 바로 보충하는 방법과 저장된물을 거의 다 사용했을 때 한 번에 가득 채우는 방법이다. 전자의 방법을 급수차에 비유하면, 사용할 때마다 이를 보충하기 위해 급수차가 물을 운반을 해야 한다. 결국은 사용횟수만큼 빈번한 운반이 되어야 하므로 물 저장탱크를 설치한 의미가 없어진다.

물 저장탱크에 설치되는 볼탭

대부분의 펌프는 가동과 정지를 자동으로 하게 된다. 자동으로 가동하고 정지시키는 것을 자동제어라 표현하며, 가정용 자동펌프는 상수관속의 압력에 의한 제어방식이 대부분이다. 물 사용을 정지하면 상수관 속의 압력이 높아지게 되고, 높아진 압력은 자동펌프에 부착된 압력스위치의 접점을 밀어올려 전원을 차단하는 것이 압력제어방식이다. 반대로 물을 사용하면 관속의 압력이 떨어져 압력스위치가 원상태로 되면서 전원이 연결되어 펌프가 가동하게 된다.

압력제어방식에서는 압력스위치와 함께 수동으로 물의흐름을 개폐하는 수도꼭지가 있어야 한다. 따라서 집안의 물 사용은 대부분 수도꼭지가 있기 때문에 물탱크에서 집안으로 물을 공급하는 자동펌프는 압력스위치가 장착된 압력제어방식이 된다.

지하수를 물 저장탱크로 퍼 올릴 때 물이 가득 차게 되면 펌프를 자동으로 정지시켜야 할 필요가 있다. 이때 수도꼭지 대용으로 볼탭Ball Tap을 사용하는 압력제어방식을 많이 사용한다. 볼탭은 물위에 뜰 수 있는 물체에 밸브와 연결된 레버를 달아, 일정한 수위가 되면 밸브가 닫히게 되는 장치이다.

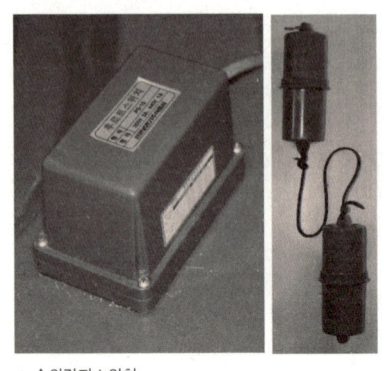
● 수위감지스위치

볼탭은 설치가 용이하여 많이 사용되고 있지만, 볼탭을 사용하게 되면 전기사용의 절약은커녕 오히려 사용량이 증가하게 된다. 집안에서 물을 사용하면 사용하는 만큼 물탱크의 수위가 낮아지게 되고 볼탭의 밸브가 열려 펌프가 물을 밀어 올린다. 따라서 물을 사용할 때마다 지하수를 양수하는 펌프가 가동되게 된다. 더 큰 문제는 밸브를 여닫을 때 짧은 순간에 완전히 개폐하지를 못하는 것이다. 밸브가 서서히 개폐되기 때문에 물이 통과할 수 있는 공간이 좁아 펌프모터에는 과부하 상태가 지속되고 운전과 정지가 수없이 반복하게 된다. 과부하 상태와 모터가 회전을 시작하는 횟수가 많아지면 흐르는 전류의 양은 정상적인 속도로 회전할 때와 비교가 되지 않는다. 볼탭을 사용하게 되면 펌프 1대를 사용하여 물 저장탱크를 거치지 않고 바로 집안으로 물을 공급하는 것보다 더 많은 전기를 소모해야 한다.

볼탭을 사용하는 압력제어방식의 문제점을 해소하는 것은 물 저장탱크내의 수위를 감지하여 제어하는 방식이다. 수위제어방식은 최고수위와 최저수위를 설정하여 최저수위가 되면 물을 공급하여 최고수위에 이르면 공급이 중단되는 방식이다. 지하수로 연결되는 관

● 수위제어방식

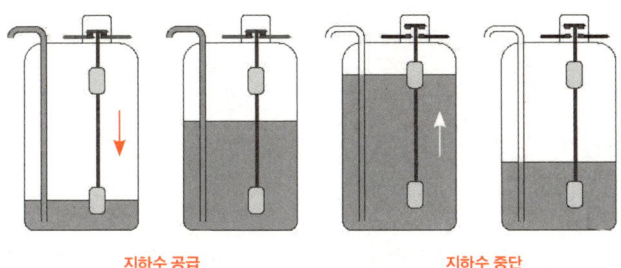

지하수 공급   지하수 중단

은 개방되어 있는 상태이기 때문에 과부하의 염려가 없을 뿐만 아니라 사용할 때마다 반복적으로 펌프가 운전하지 않으므로 전기절약의 효과가 크다. 물 저장탱크를 설치할 경우에는 수위제어방식을 사용해야 한다.

　수위제어방식은 압력스위치 대신 수위감지스위치를 사용하며, 전극봉이나 물에 뜰 수 있는 일명 오뚜기볼이 일반적이다. 전극봉의 경우는 불순물이 흡착되기 쉬워 관리를 필요로 하기 때문에 일반 가정용으로는 오뚜기볼을 주로 사용한다. 오뚜기볼은 볼 내부에 스위치가 있어 물속에서 떠 있는 상태에 따라 전원을 차단하는 방식과, 두 개의 추를 일렬로 설치하여 부력으로 떠오르는 높이에 의해 물탱크위의 스위치를 차단하는 방식이 있다. 오뚜기볼을 사용하는 수위감지스위치는 설치뿐만 아니라 최고수위와 최저수위의 높이 조절이 용이하다.

잘못된 상식 셋째 – 절약을 위해 밸브를 조금만 연다?

물의 사용량을 줄이는 것이 최선의 절약이다. 그리고 물을 사용할 때도 밸브를 조절하여 조금씩 흐르게 하는 것도 절약의 한방법이 된다. 하지만 조금씩 흘려 사용하는 방법에 대해서는 재고의 여지가 있다. 물론 물탱크를 높은 곳에 설치하여 물공급을 하는 공동상수의 경우에는 이것이 절약의 좋은 방법임에는 틀림이 없다. 그러나 지하수를 퍼 올려 다시 자동펌프로 물을 사용할 때는 좋은 방법이라 할 수 없다.

압력제어방식의 자동펌프는 상수관 속의 압력과 관계가 있으므로 물을 사용할 때는 밸브를 최대한 개방하여야 한다. 밸브를 줄이게 되면 관속의 압력으로 펌프모터는 과부하의 상태가 되어 운전과 정지가 수없이 반복하게 된다. 같은 양의 물을 밸브를 완전 개방하여 사용했을 때와 비교하면 펌프모터의 운전시간이 늘어날 뿐만 아니라 운전과 정지가 되풀이 되어 흐르는 전류의 양이 배가된다.

● 압력스위치 내부 모습

일반적인 자동펌프로 물을 사용하는 경우에는 밸브를 완전히 개방하여 사용시간을 줄이는 것이 오히려 절약의 방법이 된다. 자동펌프대신 인버터펌프를 사용하면 흐르는 물의 양에 따라 펌프모터의 회전수를 조절하므로 전기사용량이 절약될 뿐만 아니라 동시에 여러 곳에서 물을 사용하여도 수량의 변화가 없다. 대신에 펌프모터가 상당히 고가인 것이 흠이다.

　물사용의 절약을 위해서는 펌프에 장착된 압력스위치의 압력을 조절해야 한다. 압력스위치는 일정한 압력으로 조정되어 생산되기 때문에 사용 환경에 따라 조절할 필요가 있다. 압력스위치의 압력이 낮게 조정되어 있으면 수도밸브를 완전 개방하여도 사용 중에 펌프의 운전이 연속적이지 않게 된다. 너무 높게 조정이 되어 있으면 밸브를 닫아도 한동안 펌프가 운전되기도 한다.

　압력조절을 할 때 감전에 가장 유의해야 한다. 펌프가 운전되고 있는 상태이어야 조절이 가능하므로 스위치의 모든 금속부분에 신체접촉을 절대 피하여야 한다. 압력조절나사를 돌리기 위한 드라이버도 손잡이가 반드시 절연되어야 한다.

　압력 조절방법은 가장 많이 사용하는 1개의 밸브만 완전히 개방한 상태에서 펌프가 연속적으로 운전이 될 때까지 조절나사를 천천히 돌리면 된다. 조절나사는 압력스위치의 커버를 벗기면 위쪽에 위치하고 있다. 조절이 끝나면 밸브를 몇 회 개폐하여 상태를 확인하여야 한다. 간혹 모터에서 집안으로 인입되는 상수관이 가늘거나 길면 물 공급에 많은 압력이 필요하게 되어 압력조절이 어려울 수 있다. 인입상수관이 어느 정도 굵어야 하는 이유 중에 하나가 된다.

부수 시설

하수관과 트랩

하수관을 통하여 악취나 벌레들이 실내로 유입되는 것을 방지하기 위하여 화장실 바닥이나 하수관을 P자나 S자 형태로 구부려 일정량의 물이 고이도록 한 시설을 트랩Trap이라 한다. 세면기나 싱크대의 개숫대와 같은 실내의 모든 배수시설에는 자체의 트랩이 부착되었을 뿐만 아니라 배수호수를 구부려 하수관과 연결시켜 2중의 트랩을 형성하고 있다.

이렇게 모든 배수시설에 트랩이 설치되었음에도 불구하고 실내로 유입되는 악취를 완전히 막지를 못하고 있다. 실내로 악취가 유입될 수 있는 곳은 배수호수를 하수관에 연결하는 부분이다. 이 부분에서는 완전 밀폐가 힘들 뿐만 아니라 실내의 모든 하수관이 하나로 연결되어 있기 때문이다.

악취 발생의 근원은 정화조와 지하에 매설된 하수관이다. 실내에서 정화조로 유입되는 폐수관과 하수관은 별도로 분리되어 있어 문제가 되지 않는다. 그러나 하천 등으로 배출하기위해 정화조에서 유출되는 관과 하수관이 외부에서 연결하게 되어 악취의 원인이 된다. 이를 방지하기위해 정화조 유출관과 하수관을 분리하기도 하지만 하천 등에 나란히 노출되기 때문에 완전한 악취제거는 힘들다. 특히 오폐수합병 정화조의 경우에는 하수관이 정화조로 연결되어야 하므로 악취에 취

● 집수정 2개를 이용한 트랩과 거름장치

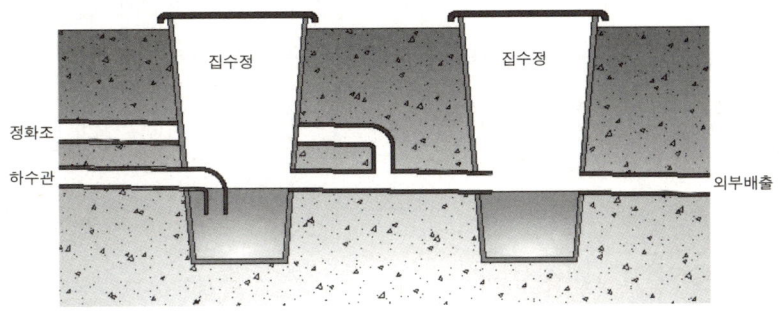

약해질 수밖에 없다.

하수관은 지하로 매설되기 때문에 지반 침하 등으로 휘어지게 되면 구배가 제대로 되지 않게 되어 하수나 찌꺼기가 고이게 되어 악취가 발생할 수 있다. 비록 배수가 원활하여도 하수관 내벽에 이물질이 붙게 되고 부패가 되어 악취의 원인이 된다.

실내에 설치되는 트랩만으로는 한계가 있으므로 원인 제거와 외부 악취의 원천적인 봉쇄가 필요하다. 장기간 사용으로 하수관 자체에서 악취가 발생할 수밖에 없으므로 청결 유지가 최선이다. 가끔씩 하수관의 내부청소가 필요하지만 쉽지 않은 것이 사실이다.

그러나 외부악취의 원천봉쇄는 의외로 간단하다. 실내의 하수관이 하나로 모여 외부로 나가는 곳이나 정화조의 유출관과 연결되는 곳에 트랩을 설치하면, 외부악취와 벌레 유입을 원천적으로 막을 수 있게 된다. 비교적 깊은 집수정을 사용하여 트랩을 설치하게 된다면 최종적으로 찌꺼기를 걸러 줄 수가 있어 2중의 효과가 있다.

　정화조에서 유출되는 배관의 끝부분도 집수정을 설치한다면 냄새의 역류와는 무관하지만 하천으로 유입되는 찌꺼기를 조금이라도 걸러주는 기능까지 갖게 된다. 물론 가끔씩 집수정에 쌓이는 찌꺼기는 별도의 청소가 필요하다.

지붕의 낙숫물과 우수(雨水)관

지붕의 처마 끝에서 떨어지는 낙숫물은 운치가 있어 보기가 좋지만, 출입구와 같이 통행을 해야 하는 곳에서는 많은 불편이 따른다. 그래서 처마 끝에 물받이를 설치하여 지붕에서 흘러내리는 빗물을 모아 물홈통을 통해 아래로 흐르게 한다.

　지붕의 면적이 넓어지게 되면 물홈통을 통해 흐르는 물의 양이 적지 않아서

물홈통과 우수관

지면이 쉽게 패이거나 진탕이 된다. 집둘레에 우수관을 매설하여 물홈통의 빗물을 따로 저장하거나 하천으로 바로 보내면 마당을 보호할 수 있을 뿐만 아니라 빗물 재활용이 가능해진다. 이때 우수관 입구에 거름망을 설치하면, 지붕의 물받이에 많이 모이는 낙엽에 의해 우수관이 막히는 것을 예방할 수 있다.

바닥 난방과 벽난로

우리나라는 주거습관으로 인해 바닥 난방이 대부분이다. 과거의 난방은 바닥에 직접 열을 가하기 때문에 효율이 좋을 뿐만 아니라, 바닥이 돌과 흙으로

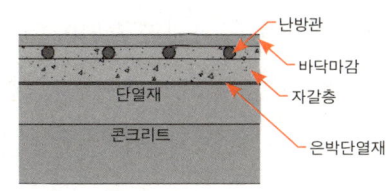

● 온수 난방 구조

두껍기 때문에 열을 장시간 보관할 수 있어 열기가 오랫동안 지속된다. 그러나 땔감을 준비하고 매일 아궁이에 불을 지펴야하는 번거로움이 현대인의 생활 형태와는 거리가 있어, 보일러로 가열된 온수를 이용하는 방식으로 바뀌었다.

온수난방을 하는 바닥은 일반적으로 두껍지 않기 때문에 쉽게 덥혀지는 만큼 쉽게 식기 때문에 손실이 많다. 바닥에 자갈층을 추가하면 온수의 열을 오랫동안 보관할 수 있어 효율적이 된다. 이때 사용하는 자갈은 암석을 부순 쇄석보다는 콩자갈이라 부르는 크기가 작은 강자갈이 좋다.

자갈층이 너무 두꺼우면 가열시간이 오래 걸리므로 5cm정도의 두께가 무난하다. 시공방법은 콘크리트슬래브 위에 단열재를 설치한 후 은박이 입혀진 은박단열재를 은박면이 위로 오게 하여 단열층을 형성한다. 은박단열재는 바닥의 열기를 위로 복사시켜 효율을 높이기 위해 사용한다. 단열층위에 자갈을 5cm정도 평탄하게 깔고 난방관을 배관하여 고정시킨다. 난방관의 윗면까지 난방관 사이를 다시 자갈로 메

운 후 바닥 마감을 한다.

  난방관을 배관 할 때는 중간의 연결이 없어야 하며 배관의 길이가 너무 길게 되면 균일한 순환이 어렵게 되므로 1개의 회로는 50m를 넘지 않아야 한다. XL관과 PB관은 열전도율이 거의 유사하지만 XL관이 주로 난방관으로 사용된다. 관의 굵기를 말할 때 XL관은 내경을, PB관은 외경을 기준으로 하기 때문에 동일한 치수라 하더라도 XL관이 실제로는 굵다. 따라서 같은 길이에서 표면적이 더 넓은 XL관이 열전도효과가 더 크게 느껴지기 때문에 XL관이 난방관으로 사용되는 것 같다.

  온수난방으로 실내의 공기까지 온도를 유지하려면 벽체와 천장의 철저한 단열이 필요하다. 벽체나 천장의 단열이 허술하면 열손실로 인해 많은 난방비 부담에도 불구하고 실내 온도유지에는 거의 효과가 없다.

  장작을 사용하는 벽난로는 실내의 공기를 직접 가열하기 때문에 온수난방의 취약점을 보완할 수 있다. 벽난로를 사용하면 온수난방으로는 바닥의 온도만 유지하면 되므로 보일러의 가동시간이 많이 줄게 되어 난방비 절약의 효과가 매우 크다. 뿐만 아니라 장작을 태울 때의 불꽃과 냄새는 정신적으로 편안함을 주게 되어 정서적인 도움도 된다.

  벽난로는 형태에 따라 노출형과 매립형으로 구분한다. 노출형은 철판이나 주물로 만들어진 난로의 몸체가 실내에 노출되어 설치되는 것으로 열효율이 매우 좋다. 열효율 이 좋다는 것은 장작을 태울 때의 열기가 일부분만 연통을 통해 빠져나가고 대부분의 열기는 실내 공기의 온도를 높이는데 사용되어 열손실량이 적다는 뜻이다. 하지만 몸체와 함께 연통도 실내로 노출되어 있을 뿐만 아니라, 화재에 대비하여 천장이나 벽면에 부분적인 열차단시설도 필요하기 때문에 실내가 매우 복잡하여지는 단점이 있다.

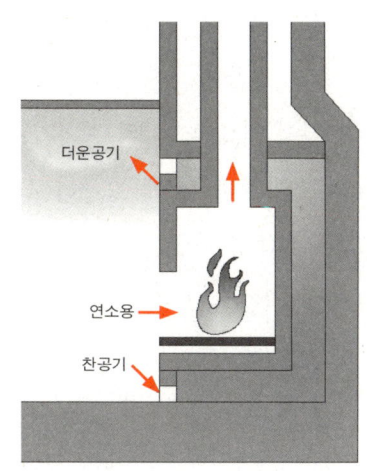

● 2중구조의 대립형 벽난로

이와 반대로 매립형은 몸체를 포함하여 연통까지 벽속에 설치되어 실내가 매우 안정적이다. 그러나 노출형과는 달리 대부분의 열기가 실내공기에 미치지 못하고 굴뚝을 통하여 빠져나가게 되어 열효율이 좋지 못하다. 그래서 우리나라에 설치된 매립형벽난로는 난로의 기능보다 인테리어 효과가 더 큰 실정이다.

벽난로와 벽체사이에 공간을 두어 벽속에 매립하면 인테리어의 장점을 유지하면서 열효율을 높일 수 있다. 이 공간으로 실내의 찬 공기를 들여와 더운 공기로 바꾸어 다시 실내로 내보내게 하면 외부로 유실되는 열을 줄일 수 있어 효율을 높이게 된다. 이 시설은 난로내부의 장작을 연소하기 위한 공간과는 별도로 구분되는 2중의 구조가 되어야 하므로 비용의 증가는 감수해야한다.

　이외에도 난로의 내부나 외부에 온수관을 부착하여 온수보일러의 기능을 겸용하는 벽난로가 있다. 벽난로 하나로 바닥난방을 함께 할 수 있어 연료비절감의 효과가 매우 크다. 그러나 봄이나 가을의 난방은 높은 실내온도를 요구하지 않으므로 온도조절이 어려울 수 있고, 잦은 실내청소의 번거로움이 있다.

　보일러겸용 벽난로와 기름겸용 화목보일러처럼 하나의 시설물로 2가지의 기능을 가진 제품이 많이 등장하였다. 편리함과 난방비 절약이라는 일거양득의 장점이 있지만 간과해서는 안 될 단점이 있다. 대부분의 제품이 겸용이 되면 규모가 커지게 되어 교체가 필요할 경우에는 많은 어려움이 따르게 된다. 또한 사소한 고장이라도 발생하면 2가지 기능이 동시에 정지되어 사용이 불가능해진다. 따라서 겸용을 선택할 때는 대비책을 미리 염두에 두어야 한다.

글쓰기를 마치며

강원도로 삶의 터전을 옮긴지 벌써 10년이 넘었다. 처음에는 통나무 집을 지어 살다가 목구조주택을 새로 지어 옮겨 살게 되었고, 그러면서 도시생활에서 겪지 못했던 전원주택의 기본적인 기능을 직접 체험하는 좋은 기회를 가질 수 있었다.

전원주택은 도시에서는 얻을 수 없는 자연의 혜택을 누릴 수 있다는 점만으로도 동경의 대상이 된다. 그러나 자연은 인간에게 혜택을 주는 만큼 도시와는 다른 생활 방식을 요구한다. 따라서 도시형주택의 형태만으로는 전원생활에 많은 제약이 될 수 있다.

자신의 집을 짓는 일은 일반인에게는 평생에 한번이고, 이 한 번의 기회에 만족스런 집을 갖는다는 것은 쉬운 일이 아니다. 꿈에 그리던 전원주택을 짓고 나서는 생각지도 않았던 많은 유지비와 관리의 어려움으로 이러지도 저러지도 못하는 경우를 간혹 보게 된다. 시행착오 없이 만족스런 집을 짓기 위해서는 많은 경험이 있어야 하지만 집을 지을 수 있는 경험은 쉽지 않다. 결국은 이미 집을 짓고 사는 사람의 간접경험과 전문가에게 의존할 수밖에는 방법이 없다.

이 세상에는 모든 것이 갖추어진 완벽한 집은 없다. 모든 것을 갖추기에는 많은 경제적 부담과 관리의 어려움이 따른다. 사용빈도를 고려하여 절제를 해야 하며, 필요한 부분에는 과감한 투자가 필요하다. 절제와 적절한 투자가 실속 있는 집이 된다.

외모보다는 내면에 감추어진 인간성이 좋아야 인간관계가 오랫동안 지속되고, 관계유지를 위해서는 개인의 노력도 중요하다. 이처럼 마음에 맞는 집을 짓고 행복한 생활을 위해서는 주택의 외형보다는 보이지 않는 부분에 더 관심을 가져야하고, 지속적인 유지관리를 위한 노력이 필요하다.

마음에 드는 주택을 만나기 위한 준비과정과 좋은 주택이 되기 위해 겉으로 드러나지 않는 시설들의 중요성, 오랫동안 유지하기 위한 관리의 방법들에 대해 조금이나마 보탬이 되었으면 하는 마음으로 이 글을 준비했다. 수차례의 전원주택을 짓는 과정에서의 시행착오들과 직접 지은 전원주택에서 살면서 얻은 경험들이 분명히 도움이 되리라 생각한다.

전문기술과 지식은 전문가의 몫이다. 그렇지만 필요한 시설의 설치와 구조는 건축주가 알아야 할 필요가 있으며 요구할 수 있는 부분이다. 그래서 가능한 한 전문성을 배제하고, 전원주택의 건축에 필요한 필수적인 지식들을 열거하였다.

주택건축의 보편적인 시공방법에 중점을 두었기 때문에 학술적인 면에서 다소의 상이점은 있을 수 있다. 또한 주택의 종류에서 장단점은 주관적인 부분이 있어 자세히 열거할 수 없었던 아쉬움도 남아있다. 하지만 예비 건축주들에게는 전원주택의 꿈을 이루는데 조금이나마 도움이 되기를, 그리고 전원주택에서 생활하는 건축주에게는 주택 관리에 도움이 되기를 바라며 이 글을 마친다.

　전원생활을 하고 있는 주부로서의 경험을 통해 글의 방향을 제시하고 글 내용을 다듬느라 수고한 아내와, 비전문가로서 글을 비판하고 틈틈이 교정을 보아준 아들과 딸에게 사랑의 마음을 전한다. 거친 원고를 좋은 책으로 만드느라 고생한 〈열린세상〉의 관계자분들에게도 고마움을 전한다.

부록

목구조주택의
일반적인 시공과정

1. 기초공사
2. 벽체 설치작업
3. 장선 설치작업
4. 서까래 설치작업
5. 지붕 마감작업
6. 외부벽면 마감작업
7. 내부벽 마감작업
8. 완공

1. 기초공사

2. 벽체 설치작업

3. 장선 설치작업

4. 서까래 설치작업

5. 지붕 마감작업

6. 외부벽면 마감작업

7. 내부벽 마감작업

8. 완공

부록

수공식 통나무주택의 일반적인 시공과정

1. 통나무 가공
2. 기초공사
3. 통나무 가조립
4. 가조립 해체 및 보완 작업
5. 통나무 운반
6. 통나무 조립작업
7. 지붕 마감작업
8. 벽체 마감작업
9. 완공

1. 통나무 가공

2. 기초공사

3. 통나무 가조립

4. 가조립 해체 및 보완 작업

5. 통나무 운반

6. 통나무 조립작업

7. 지붕 마감작업

8. 벽체 마감작업

9. 완공